그리움이 타는 노을

시조사랑시인선 65

**김태희
시조집**

■ 그리움이 타는 노을

열린출판

그리움이 타는 노을

1판 1쇄 발행 2025년 8월 20일

지은이 | 김 태 희
펴낸곳 | 열린출판
등록 | 제 307-2019-14호
주소 | 경기도 고양시 덕양구 권율대로 656, 1401
전화 | 02-6953-0442
팩스 | 02-6455-5795
전자우편 | open2019@daum.net
디자인 | SEED디자인
인쇄 | 삼양프로세스

ⓒ 김태희, 2025
ISBN 979-11-91201-92-5 03810

*책값은 뒤표지에 표시되어 있습니다.
*저자와 협의하여 인지를 생략합니다.

■ 시인의 말

　돌이켜보면, 잊었다 싶었던 자리에 늘 그리움이 머물러 있었다.
　그런 풍경 눈앞에 어린거리다가 노을빛에 싸인 그리움. 그 타는 울음. 다정한 말, 따스한 손길, 이름 없이 스쳐간 바람결까지…
　시는 그렇게 다시 살아났다.
　어느 날부터인가 내가 걷는 길이 곧 시의 길이 되었고, 그 길 위의 내가 시 한 줄이었으면 좋겠다고 생각했다.
　쉽게 읽히지만, 오래 남는 시. 부드럽지만 단단한 시.
　나는 아직도 그런 시의 문 앞에 서 있다.
　이번 시집의 127편은, 그리움에서 피어난 마음의 숨결이다.
　돌아갈 수는 없지만 떠날 수도 없는,
　그 사이 어딘가에 머문 작은 노래들이다.

　이 책을 펼친 당신의 마음에도, 어느 한 조각 그리움이 포근히 머물기를 바랍니다.

2025년 한여름에
예성藥城 김태희

서시 序詩

이마에 얹혀오는 주름 따라 시를 쓴다
연필심 곱던 기억 가뭇없이 사라지고
무뎌진 바람 소리에 흩날리는 손 떨림만

철모른 그 시절을 외우다가 밤 지새던
그 소리 꺼내 울다 쓸쓸히 비틀거린
누추한 어느 거리에 민들레꽃을 마신다

가난한 마음속에 달라질 게 뭐 있겠나
생각의 부재에서 누렇게 바랜 것들
곰곰이 심어야 할 날 바라보다 잠이 든다

그러다 또 한 손엔 야윈 시름 꺼내놓고
더 많이 가만가만 소리 내어 중얼대던
하늘에 땅과 구름과 바람의 시 떠돈다

■ 차례

•시인의 말__5
•서시__6

제1부 생명의 끌림

싹 틔움 …………………………………… 17
생명의 끌림 ……………………………… 18
어린 봄 …………………………………… 19
산 벚꽃 …………………………………… 20
그리운 녘에서 …………………………… 21
봄비 소리 ………………………………… 22
어느 사랑 ………………………………… 23
애기똥풀 ………………………………… 24
키오스크 ………………………………… 25
생명 ……………………………………… 26
제라늄 …………………………………… 27
추풍령 …………………………………… 28
열세 살 때에 …………………………… 29
냉이 ……………………………………… 30
라일락 …………………………………… 31
구곡폭포 ………………………………… 32

어머니 ·· 33
상추밭 ·· 34
할미꽃 ·· 35
어둠 ··· 36
그 말 한마디 ·· 37
판공성사 ··· 38
외딴섬 ·· 39
동백꽃 ·· 40
시골길 버스 타고 ································· 41\

제2부 배냇짓에 남긴 시

배냇짓에 남긴 시 ································· 45
아버지 당신 ·· 46
종댕이길 ··· 47
진달래 ·· 48
석양 ··· 49
노부부의 뙤약볕 ·································· 50
간이역 ·· 51
예쁜 모음 ·· 52
아내 앞에서 ·· 53
어느 어버이날 ····································· 54

닭칼국숫집 노포 ················· 55
추석 달을 안고서 ················ 56
아름다운 액자 거진항 ············· 57
박꽃 필 때 ····················· 58
들국화 ························ 59
고려청자 주병 ·················· 60
처서에 부쳐 ···················· 61
동행 ·························· 62
귀뚜라미 ······················· 63
잎의 시간 ······················ 64
황태덕장의 눈[目] ··············· 65
겨울로 가는 길 ·················· 66
한로寒露 ······················· 67
폭설 ·························· 68
학의천 버들 소리 ················· 69

제3부 사막의 유랑流浪

사막의 유랑流浪 ················· 73
매화, 저 바보 같은 꽃 얘기 ········· 74
어느 이웃의 문자 얘기 ············ 75
그리움, 너머 ···················· 76

풍물시장 ·· 77
노숙의 발아래 ·· 78
부둣가의 술맛 ·· 79
초원의 문장 ·· 80
갈대꽃 세상 ·· 81
행복. 이런 거다 ······································ 82
아! 바보같이 착한 삶 ···························· 83
어머니의 바느질 삶 ······························ 84
아! 이 회색의 덮개를 ···························· 85
사랑의 눈물 ·· 86
토렴 국밥 ·· 87
망해암* 저녁놀 시경 ···························· 88
그리움의 문장들 ···································· 89
양평. 어머니의 강 ································ 90
나뭇잎 바람 & 길 ································ 91
도라지꽃 ·· 92
강과 산 ·· 93
아버지의 바둑판 & 긴 독백 ················ 94
추석 달아 ·· 95
보이지 않는 절기 ·································· 96
아녜스의 성탄 ·· 97
어느 행성의 삶 ······································ 98

아! 울릉도 ··· 99

제4부   아! 병목안 삼거리에서

아! 병목안 삼거리에서 ···························· 103
저무는 마음 ··· 104
작은 행복 ··· 105
봄날의 문장 ··· 106
명상, 관악을 오르며 ······························· 107
빈집, 사라지는 것에 대한 ······················ 108
다듬이 소리 ··· 109
코로나. 묻고 싶다 ··································· 110
짜장면의 추억 ··· 111
들국화 ·· 112
화진포의 밤 ··· 113
죽방렴에 대하여 ····································· 114
화개장터 ·· 115
중앙시장 해남집 ····································· 116
다슬기의 추억 ··· 117
어머니 ·· 118
흐린 날 노포에서 ··································· 119
천 년 느티의 길 ······································ 120

아! 이 나이 되고 보니 ⋯⋯⋯⋯⋯⋯⋯⋯ 121
사라지는 이발소 ⋯⋯⋯⋯⋯⋯⋯⋯ 122
은정이네 코다리조림 ⋯⋯⋯⋯⋯⋯⋯⋯ 123
꽃 이름을 꺾지 마라 ⋯⋯⋯⋯⋯⋯⋯⋯ 124
봄날의 통증 ⋯⋯⋯⋯⋯⋯⋯⋯ 125
종묘 공원 노인 ⋯⋯⋯⋯⋯⋯⋯⋯ 126
어느 엄마의 기도 ⋯⋯⋯⋯⋯⋯⋯⋯ 127
베트벳 송년에 핀 노래 ⋯⋯⋯⋯⋯⋯⋯⋯ 128

제5부 가슴에 남는 풍경

가슴에 남는 풍경 ⋯⋯⋯⋯⋯⋯⋯⋯ 131
유년의 찔레꽃 ⋯⋯⋯⋯⋯⋯⋯⋯ 132
꽃과 시 ⋯⋯⋯⋯⋯⋯⋯⋯ 133
혼자 우는 바람 ⋯⋯⋯⋯⋯⋯⋯⋯ 134
능금 꽃 희망 ⋯⋯⋯⋯⋯⋯⋯⋯ 135
두레박 ⋯⋯⋯⋯⋯⋯⋯⋯ 136
콩나물시루의 시간 ⋯⋯⋯⋯⋯⋯⋯⋯ 137
수주팔봉 ⋯⋯⋯⋯⋯⋯⋯⋯ 138
봄 에덴의 이름으로 ⋯⋯⋯⋯⋯⋯⋯⋯ 139
호스피스 병동에서 ⋯⋯⋯⋯⋯⋯⋯⋯ 140
달래강, 그리움을 읽다 ⋯⋯⋯⋯⋯⋯⋯⋯ 141

벽파항에 시조를 입히다 ················ 142
내 아버지 ······························ 143
국화 ································· 144
이렇게 살아요 ······················· 145
눈 소리 ······························ 146
그리움 & 어머니 ····················· 147
구절초의 노래 ······················· 148
성모님 곁으로 ······················· 149
고향 꿈 ······························ 150
석양의 노모 ························· 151
수국 ································· 152
시 같이 그런 사람 ··················· 153
끝없이 피는 꽃 ······················ 154

평설: 그리움과 추억의 파노라마 ············· 155

제1부 생명의 끌림

싹 틔움

웅크린 몸짓으로 시간을 품고 있다
좁은 문 열리려고 비틀기를 시작하는
긴 겨울
찢긴 눈물로
뜨거움이 올라온다

무겁던 흙을 뚫고 해를 향해 몸을 달궈
가시광선 빨간빛이 다가오길 기다리며
씨앗은
달력 없이도
때를 짚고 올라온다

생명의 끌림

잎 위에 비쳐 든 햇살이 더 신비롭다
말없이 잎의 생명 양식을 지어내는
첫 순간
놀라울 정도로
왕성하게 빛난다

잎 위로 내리쬐는 햇살의 한 가닥도
소중히 모아 모아 생명체를 먹여 살려
나뭇잎
바라보는 일
지치지 않고 즐겁다

어린 봄

봄보다 더 가까운 물오름이 여기 있다

뾰족한 햇잎 냄새 시리도록 뿜으면서

2월이
추웠던 게냐
어린 풀싹 가여워라

산 벚꽃

먼 산도 넘었는데 혼자 울며 넘었는데
하얗게 닿기 전에 바람 끝 입에 물고
후르르
귓속에 말로
몸짓하는 가쁜 숨

산모퉁 돌아가서 연둣빛 돌아가며
휘어진 산허리에 입술 문 하얀 눈빛
그녀의
가슴까지 흘러
그리움이 보인다

그리운 녘에서

파도 같고 거품 같은 도시 속을 벗어나서
한 번쯤 먼 길 떠나 깊은 산골 객이 되어
달빛에
살짝 그슬린
얼굴 한번 되고 싶다

외로운 혼을 살린 내 동공의 우주에서
한 번쯤 적막 위로 별똥들이 지나가고
밤하늘
그 녘을 넘어
내 발끝도 닿고 싶다

봄비 소리

창가에 흩어지는 봄비 소리 촉촉하게
말없이 조용하고 잔잔하고 자그맣게
어디서
들려오는지
봄꽃 소리 꿈틀댄다

요 앞에 도랑 건너 탄력받은 나뭇잎들
허들을 뛰어넘듯 위에서 아래까지
발걸음
푸르게 푸르게
겅중겅중 번져간다

어느 사랑

아버지는 헛간에다 지게를 내려놓고

나뭇단에 꽂혔던 진달래꽃 한 다발을

부뚜막

엄마 앞에 놓고는

헛기침만 "흠" 하신다.

애기똥풀

똥 이름 이보다 더 예쁜 이름 있으려나
세상의 애기들은 다 예쁘니 할 말 없다
노오란
별 모양의 여림
앙증맞음 총명하다

가늘고 좁다란 길 봄에 올라 노랗게 핀
바람 소리 따라가며 되 굴리는 눈망울들
노오란
아기 울음 꽃
활짝 웃다 잠이 든다

키오스크*

친절한 표정이나 따듯한 대화 없이

유리판 화면 속에 낯섦이 노려본다

어쩔까

두려운 손끝에

떨려오는 이 허기를

*키오스크: 식당, 카페 등 공공장소에 설치된 무인 정보 단말기

생명

한 움큼 흙 내음을
솔기 터진 입에 물고

금이 간 시간의 틈
어둠 속을 헤집고서

우주의
섭리에 따라
잎을 틔운 첫울음

제라늄

베란다 한쪽에다 제라늄을 앉혀 놓고
꽃이 피길 염원하니 해를 향해 피었다
아니다
내 눈빛 따라
쫓아오고 있었다

한 송이 꽃잎마저 가꿔준 마음 땜에
바라봐 주는 쪽으로 웃고 있지 않은가
정이란
서로 응답할 때
시처럼 피어난다

추풍령

비 온 뒤 피어오른
무지개를 등에 지고

토기보다 더 빠르게
껑충껑충 뛰어놀던

추풍령
온 산을 휘졌던
꽃네 모습 하늘거려

열세 살 때에

은영이 오던 날은 솔바람도 낭랑하고

햇살에 서성이던 찔레꽃도 맘껏 피어

설렘 속

포개진 향기

온 가슴을 달군 날

냉이

언 땅을 일으키며 납작한 얼굴 내민
야무진 봄 한쪽을 묵묵히 들춰가며
아프고
서러웠던 겨울
세상의 숨 살려냈다

가난한 봄의 노지 첫 나물 이름으로
켜켜이 묵은 앙금 햇살 한 줌 비 한 모금
봄의 움
따스함으로
밀어 올린 생명의 짓

우수 지나 경칩으로 핏발 선 몸 일으켜
불멸의 날을 세워 마르고 닳아버린
그 길 끝
한껏 바라본
봄의 들목 만삭이다

라일락

추호의 숨김이나 망설일 겨를 없이

농염한 꽃바람이 혼미하게 달라붙어

저 파란

마음에 긁힌

하얀 눈빛 어쩔까

구곡폭포

한 움큼 달라붙은 저 여름을 식히면서
하얗게 부서지는 물소리를 퍼 담는다
지금은
폭포의 시간
현기증을 씻고 있다

원초의 울음으로 태금하는 여름 문장
한바탕 범람하는 녹음 속을 훑고 있다
뙤약볕
매달린 기억
또 장하게 부서진다

*강원도 춘천시 남산면 강촌리 계곡에 있는 폭포

어머니

내 몸을 업어줬던 그 등이 생각난다

그 곱던 카네이션 그 가슴 내가 됐다

오월이

당신입니다

그리워요 어머니

상추밭

오랍뜰 푸성귀가
제 품에 시퍼렇다

청상치 적상치를
한 움큼 솎아내도

한 번도
눈 흘김 없이
또 파랗게 올라와

할미꽃

낮은 곳에 피어나는 할미도 바쁩니다
아직은 꽃바람이 두려운 모양인지
꽃망울
열긴 했지만
고개조차 못 들지만

땅에서 들려오는 따듯한 온기 안고
꽃대궁 밀어내고 하얀 솜털 일으키다
봄비도
몇 차례 맞으며
꽃 필 날을 용씁니다

어둠

창문에 살짝 걸친 노을빛이 떨어지다

거미줄에 걸터앉아 쇠잔한 붉은 하루

거미가

갉아먹는 대로

어둠이 밀려오네

그 말 한마디

첫 번은 머뭇했고 두 번째는 어려웠고
세 번째는 간지러워 네 번째는 쑥스럽던
"사랑해"
그 말 한마디를
어머니께 못했는데

수많은 기억 속에 더듬어도 안 떠오를
한 번도 못 해봤던 이름으로 불러본다
"사랑해"
가슴에 숨은 말
내 저 하늘 어머니

판공성사

저 가슴 심장 소리 고해로 가득 찼다

지금 막 녹아내린 자비의 촛농처럼

성전은

하얀 눈으로

성탄 이불 덮고 있다

*가톨릭교회 신자들이 일 년에 두 번 의무적으로 해야 하는 고해 성사

외딴섬

어둠이 묻어오며 어물거린 파도 소리
거기에 야트막한 등대 빛 하나 섰다
고요한
바람을 안고
혼자 사는 영혼 있다

이따금 불빛으로 가늠하는 뱃길 따라
아득한 수평선에 눈이 오고 비가 오고
외롭게
쪼그리고 앉은
조그마한 외딴섬

동백꽃

낙화조차 매혹적인 아름다운 너 동백아

감빛이 드리운 듯 그리움을 똘똘 말아

한 줄의 시보다 더한 눈빛으로 적셔오네

시골길 버스 타고

누군가 고개 들어 자창 밖을 내다보다
저 빨간 코스모스 눈빛으로 끌고 가는
하늘가
깊은 동네를
짚풀처럼 쓰다듬네

어쩌나 저 한적한 생명까지 외로운 들
산 넘고 개울 지나 헤엄쳐 부는 바람
흙, 돌, 물.
더불어 사는
새들처럼 폴폴 가네

제2부 배냇짓에 남긴 시

배냇짓에 남긴 시

이맘때 유월[陰]이면 배가 부른 엄마였지
남들이 부채 들 때 풀 한 포기 더 뽑으며
만삭인
나를 붙들고
땀 흘리며 달래셨지

그렇게 잠든 내게 오늘일까 내일일까
그 틈에 엄마 말을 눈짓으로 알아듣던
고놈이
오늘날 커서
그 얘기를 시로 쓰지

아버지 당신

너무나 익숙해서 눈에 없던 당신 이름
어느 날 창가에 선 그 뒷모습 바라보니
무섭던
그 세월 지나
젊은 기백 어디 갔나

성글은 머리카락 흩날리는 쓸쓸함만
그가 나고 내가 그인 애틋한 연민으로
눈시울
마구 흩어져
넘치던 힘 보이잖네

종댕이길*

그 길은 산그늘로 몸을 감춘 화전 동네
그 길은 흰 구름도 하품하는 외딴 동네
한 지름
손바닥만 한
그리움이 사는 곳

그 길의 한마장은 너나들이 이웃사촌
그 길로 어린 시절 책가방이 넘던 동네
아직도
머릿속에 남아
청보리가 피는 길

봄여름 들꽃 피면 산들바람 그늘 타고
어린 날 수줍음도 하얗게 웃자라던
그 동네
종댕이길은
산울타리 동그란 길

* 종댕이길: 충주시 계명산 줄기 충주호를 끼고 있는 길

진달래

헤살대는 바람 안고 벼랑 끝 매달렸다
발길을 가로막고 눈앞으로 확 번지는
저 요염
가슴팍으로
훅하고 달라붙네

생각할 겨를 없이 붉은 눈 울렁이며
시린 듯 내민 입에 가슴인들 어쩔 건가
쑥 내민
두 가지 끝에
울렁이는 불길아

석양

만삭의 붉은 노을
갈대숲을 넘어와서

토혈하는 애처로움
저 생리 다 어쩌리

그 속에
내 질척이는
마음은 또 어쩌나

노부부의 뙤약볕

꽃무늬 뙤약 아래 앙증맞은 승강이다
저 작은 양산으로 할아버지 손을 끌며
어떻든
가려주려는
할머니의 몸짓이다

괜찮다는 할아버질 할머니가
도망가는 옷깃 잡고 양산을 씌워주는
할머니
머리 위에서
여름 볕이 숨는다

간이역

또 잠깐 멈춰 섰다 떠나가는 그늘처럼

저마다 외로운 짐 품에 안고 잠이 들어

자그만

깃발을 흔든

무딘 기억 익어온다

예쁜 모음

갑상샘 하나쯤은 누구나 갖는대요
저도 6mm 그냥 두고 이따금 기억하래요
당신의
그 많은 떫음
아름답게 이길 거예요

쉬지 못해 바쁘셔도 답 대신 웃으시며
아프셔도 이맘때 물 위에 핀 연꽃처럼
흰 분홍
보드랍듯이
아리땁게 흔들려요

아내 앞에서

흰머리 좀 늘어도 무릎이 좀 아파도
어째서 목소리에 주눅이 드는 걸까
아내는
의사 같은 말로
제 마누라 챙기란다

아픔인지 탄식인지 혼잣말이 절로 난다
달라도 너무 달리 비껴가는 법이 없이
침울한
내 눈빛 속에
목소리 또 기어든다

어느 어버이날

아이들 재롱 피던 그 시절이 생각난다
세상일 묻혀 살며 건너뛰고 잊은 세월
노년에
자식 다 에우고
떨어져 사는 신세

그리움과 외로움을 이웃 삼아 하루하루
보고픈 고향 산천 간직한 꿈 꺼내 보니
오늘인
어버이날이
쓸쓸하고 눈물 나

닭칼국숫집 노포

서민의 축복 같은 백숙 형태 닭칼국수
웃음 띤 젓가락이 재료를 톺아본다
참말로
구수하면서도
깊은 맛이 무성하다

뒤 아닌 앞만 보고 살다가 잊은 맛을
친절한 이 가격에 먹어도 되는 걸까
노포의
허름한 공간 속
그리움이 허여하다

*종로 옛 거리에 9천 원짜리 닭칼국수

추석 달을 안고서

베란다 끝에 놓인 하아얀 화분 가에
그 속속 가득 고인 달빛으로 쏟아지고
저녁놀
꺼진 하늘엔
그리움이 새겨지네

밤하늘 거적 같은 어둠 한 짐 밟으면서
돌다리 건너가던 고향생각 어깨 위로
추석 달
환히 다가와
그리움을 문지르네

아름다운 액자 거진항

거진항 앞에 놓고 푸른 바다 시작하는
한 점의 군더더기 탁함 없이 깔끔하다
어부들
문전해답인
바다 속도 투명이다

해맑은 물소리로 새벽엔 그물 걸고
바로 위 화진포의 풍광이 눈에 뜨면
바닷새
내려앉은 꽃밭
아름다운 액자 속에

박꽃 필 때

바지런 떨지 않아 미리 못 본 달빛 아래
박꽃이 피어나서 다소곳이 웃음 띤 채
바람결
하얗게 물고
소박하게 누워있네

지붕 위 한갓지게 초저녁 시간 떠낸
꽃밥의 눈인사가 내 어릴 적 모습처럼
무얼까
기다림에서 온
이 그리움 한 아름

들국화

차가운 서릿발의 엄혹함을 비틀고서
꽃을 피운 그 집념 그윽함이 엿보인다
가을이
사라지는 길에
노랗고 하얀 너만이

혼자인 달빛 아래 묶음묶음 피워 낸
이 파묻힌 가을밤을 그대로 걷고 싶어
달빛에
또 한 번 자르르
시월이 쏟아진다

고려청자 주병

우아한 곡선에다 아름다운 옥빛 살결
날렵하게 아롱진 손잡이의 자연 몸매
돋보인
표주박 형태
담뿍 담긴 미인 닮아

시각 속 언어들이 엿보이는 은유랄까
무늬 꽃 한 점 따서 따라주는 신선처럼
주병의
아름다운 깊이
넋을 잃고 취해온다

처서에 부쳐

말복의 말꼬리가 무섭긴 무섭구나
날 세운 잡초들도 한풀 꺾인 기세에다
시한이
다가갈수록
오던 길을 돌아본다

대낮에 지글대던 태양 빛도 고개 돌려
낭자한 등줄기 땀 슬그머니 웃다 말고
밭고랑
허공에 뜬 푸름
그리움을 묻는가

동행
-할머니와 손주

혼자서도 힘이 드니 손주 업을 힘이 없다
그래서 같이 걷던 손을 잡고 쳐다보다
손바닥
등을 꼭 쥐고
업고 있듯 흔든다

의지하고 의지 받고 서로를 위로하는
가을의 낙엽 길은 힘없이도 포근하다
누군가
사랑한다는 거
업어 주듯 그리운 거

귀뚜라미

가을밤 어딘가에 투명한 달빛 차고

엎질러진 골목길의 귀뚜리 단물 소리

몇 십 년

울어도 삭지 않은

고향 생각 눈물 나

잎의 시간

서사로 붉게 울다 소멸하는 잎의 시간
황홀이 펼쳐지다 그 너머로 생명 앞힐
또 다른 순환의 행렬 잉걸불로 후후 분다

길 위에 발자국들 수없이 응시하며
한 생인 실타래를 탄생에서 지움으로
수없이 진화해가며 두근거린 가슴을

저마다 누려왔던 미간을 짓누르며
또 얼핏 지나가는 신의 자락 만지듯이
생명의 윤회를 찾아 출렁이는 신명일까

황태덕장의 눈[目]

이제는 저 바다로 갈 수 없는 체념일까
머리에 흠뻑 씌운 저 하얀 눈[目] 위의 눈[雪]
용대리
황태덕장은
하염없이 눈물 난다

달 비친 눈발 아래 겨울 침묵 숨어 울다
눈물도 얼다 녹다 그 눈[目]이 멀어간다
한 생을
다시 나려고
아프게 언 그 맛 뭘까

겨울로 가는 길

복잡한 세상 뒤에 저 엉킨 낙엽들이
엎어지고 뒤집히며 아픔을 매만지다
온몸을 죄다 맡긴 채
꿈속으로 가는구나

겨우내 죽어서 살 그 뼈를 훑으면서
사르르 눈을 감고 까칠한 낙엽 비로
위대한 시간을 떨다
그리움이 가는구나

한로 寒露

절기로 17번째인 한로가 찾아왔다
이 바쁜 세상에 누가 절기 기억할까
하나둘
잊혀 가는 것들
그리움의 이름이다

세상에 그런 이름 한로만 있는 걸까
살면서 또 숱하게 잊혀가는 이름들이
이마에
맺힌 이슬 같아
쓸쓸하고 차갑다

폭설

아직도 어지러이 휘날리는 눈발 앞에
초췌한 가로등만 말없이 눈을 뜨고
인적이
끊어진 골목
더 넓어진 겨울밤

눈으로 맞는 눈에 늦은 밤이 그윽하다
지금쯤 고향 집은 폭설 앞에 닫아걸고
따듯이
찐 고구마로
이 겨울을 굽겠지

학의천 버들 소리

버들눈 바람결로 몽글몽글 익혀놓고
야들한 새싹 길로 반들거린 봄의 윤기
완숙의 짙푸름을 향한 학의천변 경쾌하다

생기와 생명력이 넘실대는 관악 물로
옹골게 다가가서 버들이 활짝 핀 날
가느란 저 잎 위에다 어느 누가 입 맞추네

3월의 봄바람이 달라붙은 그 자리에
흰 벚꽃 죽이 맞아 기세등등 꽃잎 날려
꽃길로 새새거리는 여심 속을 파고든다

제3부 사막의 유랑流浪

사막의 유랑流浪

바람의 꼭대기는 지루한 비명이다
끝없이 자라나는 사막의 나이테도
인간의 목소리 아닌 오로라의 누명縷命이다

모래에 묻혀있던 밤하늘의 별을 보고
은밀한 허기짐이 달려오는 신기루도
멍울진 환부 속을 나는 휘파람의 눈빛이다

어둠의 근친들로 숨어들던 지문들이
누웠던 흔적 위로 예감처럼 가려웁다
그리운 감염으로 덮인 캐러밴도 유랑이다

*2023년 아르코문학창작기금선정 작품

매화, 저 바보 같은 꽃 얘기

이전에 열아홉 때 바람난 처녀같이
2월의 추위 속도 모르고 피워낸 꽃
어쩔까 철딱서니 없이 한껏 뽐낸 저 바보 꽃

그래도 새벽녘의 찬 공기 갈라놓고
조그만 꽃봉오리 터뜨린 용기 앞에
반가운 마음도 들고 애틋함도 나부끼고

한참을 혼잣말로 내 얘기 들려준다.
네 아래 울 엄마가 시집와서 봄을 맞고
예순 해 매실처럼 익다 또 하얗게 가셨지

추웠다 따습다가 날씨 따라 오락가락
그 곱던 꽃망울을 몽글몽글 익혀가며
아 그때 고향 집 울안에 귀한 꽃은 엄마였지

집 안팎 가꾸다가 외로움도 피우다가
진분홍 물감 같은 황매화도 심으시고
3월엔 홍매화 백매화 만개했던 엄마 꽃

*2023년 아르코문학창작기금선정 작품

어느 이웃의 문자 얘기

모처럼 땀 흘려서 장을 보고 집에 오니
더워서 못 온다고 아들에서 문자 온다
코로나
그땐 기차 속
사람 많아 못 오고

작년엔 표 못 구해 안 온다고 하더니만
해마다 달라지는 진짜 이유 따로 있다
구직 중
"너 시원해지면
그때 오라 문자한다"

나물을 데친 다음 전마저 부쳐놓고
명절에 늘어가는 바보 같은 맷집이다
추석날
하루의 행복
고단해도 울면 바보

그리움, 너머

저무는 해를 이고 그리움을 널고 있던
나는 또 시에 젖어 이골 난 길을 간다
노을 속
철새 떼 점점
영혼 속을 날아가듯

누군가 그리울 땐 석양 놀도 꽃이 된다
하루를 그늘 삼아 살아가는 사람처럼
인연도
애초부터 아닌
낯설음을 껴안는 것

하얗던 침묵에도 뜨거움이 차오르고
기억으로 가물대던 아픔마저 묽어지면
내 가슴
그리움이 들어
나도 몰래 달이 뜬다

풍물시장

오히려 촌스러워 다정하고 따듯한 것
낡아서 날도 빠져 모서리가 닳아버린
이것들
죄다 한곳에
모여 사는 그 세상

다소간 세대 잊은 사람들이 몰려와서
추억을 자아내고 반추하는 풍물시장
현실의
길이를 모르는
허기 같은 장터다

*동묘 풍물시장에서

노숙의 발아래

바닥에 누인 몸을 바닥에 비춰본다
애초에 몸과 마음 뭉개진 넝쿨인데
부서진
몸 한구석에
섭섭한 말 삼킨다

신문지 몇 장 얹어 찬 기류 갈라놓은
한 채의 저 투명한 겨울 집 초라하게
한 움큼
흰 눈발처럼
휘날리다 잠든 밤

옹이 진 손마디에 생기 잃은 진물 덩이
삭다 만 무릎까지 널 부린 숱한 날들
땅 위로
걸어 다닌 날
집 잃은 너 서글퍼

부둣가의 술맛

여기서 소리 나면 저기서 알은척한
여기서 술잔 들면 저기서 잔을 채운
그 잔엔
너와 내가 없고
우리들만 있는 밤

오래전 잊고 지낸 소금기와 해풍 내음
스스로 풍경이 된 어체魚體 속에 실려 온다
막다른
부둣가 골목
회 한 점의 진득한 맛

초원의 문장

새끼가 어미의 몸 그 밖으로 나온 순간
표범에게 목덜미 물어 뜯겨 축 늘어진
평원에 초식동물들 탄생이자 죽음이다

한 줄의 문장처럼 더할 것도 덜 것도 없는
이 간결한 초원 위에 그려지는 생명의 녘
정박한 동물의 세계 삶의 트림 쿵쿵거려

한 발짝 뛸 적마다 그 등을 밟고 가는
세렝게티 누와 얼룩 심장 소리 펌프질에
먹잇감 혼비백산한 눈빛들이 잘려간다

*2023년 아르코문학창작기금선정 작품

갈대꽃 세상

바람을 이끌고서 고개를 숙였다가
바람이 다 가기 전 또다시 일어서다
세상 것
부대끼는 소리
허기지게 들려온다

바람이 떠나려다 또다시 팽팽하게
한바탕 춤을 추다 까무러친 하얀 울음
이 땅의
뜨거운 몸부림
부시도록 처연하다

아름다움 짓누르며 모여서 사는 세상
갈대꽃 스치면서 가을바람 수런거림
슬픈 듯
장엄한 침묵
저물도록 그을린다

행복. 이런 거다

아내와 매일 같이 토닥토닥 다투어도
아침에 얼굴 보며 밥상에 앉아보면
사랑이 이런 거라서 그리움도 그런 거다

서로는 누워서도 등을 돌려 잠을 자도
마음은 한 포대서 온기로 돌아오고
하루를 지난날처럼 아껴주고 있는 거다

주일날 한 걸음씩 떨어져서 성당 가며
시선은 먼 산 봐도 섞여가는 일상이고
그러다 죽음과 이별 그때에도 거긴 거라

아! 바보같이 착한 삶

시간의 불순물도 섞기잖은 새벽녘에
삽 하나 들고 나선 칠순인 저 농부가
한 생이
흙 속에 삭도록
주름진 손 굽은 허리

그 좋은 옷 한 벌에 놀이 한 번 못 가보고
지게 끈 질끈 매고 소 꼴 베고 땀 흘리다
논두렁
물만 보고 산
바보 같은 내 아버지

저 들녘 무슨 말로 어떻게 위로할까
농사만 잘된다면 자식만이 잘된다면
하늘만
철석같이 믿고
불사른 분 당신이

어머니의 바느질 삶

어머니 손끝에선 바늘하고 실이 산다
가난한 삶을 이고 고통으로 뜬 자국들
굳은 손
무릎 위에서
수백 번도 더 찔린 살

땀땀이 맺은 자리 솔기 접고 누벼가며
바느질한 감을 맞대 또 깁고 박고 뜯은
저고리
그 모양새가
살아나서 춤을 춘다

어머니 손놀림에 밥을 먹고 학교 간다
긴 겨울 한밤중도 흐린 눈빛 오가면서
호롱불
바느질 아래
우리 키운 바늘 길

아! 이 회색의 덮개를

동트면 관악 낮게 초록 음이 눈 비비고
해지면 저녁놀이 곱게 타던 이 동네에
삼십 층
아파트 단지
그림자로 눈을 가려

하루해 그 두 번의 높낮이는 사라지고
생음生音의 자리 곁에 솟아오른 회색 구름
눈에 난
내 눈물 소리
버럭버럭 긁고 싶다

선량한 산들바람 불어오던 지난날에
영혼도 그리움도 백태 낀 아픈 눈짓
이 무엇
어리석음으로
회색빛을 지울까

사랑의 눈물

수능이 끝난 지가 며칠도 안 됐는데
재수를 하겠다는 아이의 애절한 말
그 심정
왜 모르겠나
눈물 맺힌 저 눈동자

자식의 짐마저도 대신해서 들고 싶어
온종일 그 생각에 밥 한술도 못 넘기는
아내의
사랑이란 게
가슴 훑어 더 아리다

부모의 가지 끝에 단풍처럼 매달려서
피눈물 끓다 못해 얼마나 애가 탈까
낙엽이
터진 속으로
또 얼마나 붉게 울까

토렴 국밥

오래된 주인장의 국자 질이 어설프다
한 번을 퍼 담고서 인심 좋게 또 퍼담아
몇 번을 담았다 쏟기를 반복하고 또 한다

모르는 눈빛으로 바라보면 의아하고
퍼주기 아까워서 그러는 듯 보이지만
익숙한 풍경으로는 그 모습이 정겹다

추운 날 국을 풀 땐 할머니가 그랬듯이
이 동작 익숙한 걸 나중에야 알게 되고
음식을 먹기에 적당한 온도에다 맞춘 비법

세월 속 저만큼을 나앉은 오늘에도
그런 날 기억으로 남아있는 토렴 국밥
뚝배기 밥알과 국물에 식지 않을 뽀얀 기억

*2023년 아르코문학창작기금선장 작품

망해암* 저녁놀 시경

떡잎 진 칡넝쿨과 청설모. 굴참나무
비탈길 샘물 소리 낡은 암자 단청까지
저녁놀 자줏빛 물들어 슬프도록 멋스러워

허름한 둘레길로 건조한 서풍 인다
그러다 물씬 스민 스산함이 밴 풍경들
가을 산 토막토막엔 감정조차 절제되고

어렴풋한 심경이 잡힐 듯 또 잡힐 듯
애끓는 석양 놀이 하늘 끝에 매달려서
해 저녁 고비를 헤치고 연심戀心으로 복받치네

*망해암-관악산 한 지류의 나지막한 산의 정상 위에 있는 절

그리움의 문장들

가슴에 들어있는 그리움 하나둘씩
저무는 노을빛에 흐르는 저녁놀에
외롭고
쓸쓸하다 못해
깜박깜박 반짝인다

외로운 눈빛만큼 그리움 밝아지고
슬픗한 아쉬움도 눈물로 글썽이다
아직도
달빛 속에 남은
어렴풋한 문장들

그렇게 흘러내린 그리움의 소리까지
뜨거운 몸짓으로 저물도록 주저앉아
또 이제
얼마나 많은 날
밑불처럼 익어갈까

양평. 어머니의 강

가슴을 끼고 드는 물안개 자욱함에
손 짚어 더듬다가 한가득 고인 강은
어섧은
시름 적시며
느릿느릿 흘러간다

햇살 위 산울림을 흰 새벽에 띄워놓고
얽힌 삶 아린 마음 아침으로 풀어지면
어이야
구름 바람 산
소리소리 흘러간다

길에서 물길에서 봄꽃이 핀 산비알로
어머니 태를 갈라 치솟는 굵은 물살
젖 물던
너와 나의 강
금줄 치며 흘러간다

나뭇잎 바람 & 길

지우고 떨어지고 사라지는 가을 잎들
슬며시 왔다가는 잠시 머문 짧은 날은
이 곁을 흘끔 바라보며 멀리멀리 떠난다

짧아서 소중했던 가을나무 마음속도
가슴에 담기보다 많이 떨군 이야기들
더 오래 머무르도록 이 길들을 내어준다

느티의 잎 하나도 무성했던 날이 있고
시간의 적지 않은 그리움도 포개놓고
이제는 길 어디쯤 서서 아름답게 외로울

또 잠시 지났지만 순간으로 스쳐갔던
바람의 정분으로 빠르게 입혀놓고
서두른 겨울채비 아래 채곡채곡 쌓인다

도라지꽃

태곳적 표정으로 송이송이 웃는 눈빛
곰취와 산 풀 냄새 동그랗게 둘러싸여
청옥색 꽃눈 비비며 이주하듯 부산하다

보랏빛 바소꼴에 기다림을 물들이던
팔월의 뙤약 속에 하늘빛 깨물 듯이
가여린 마음 붙들고 외로움을 타는구나

꽃잎에 각진 모양 굽어드는 고운 맵시
애틋한 그리움을 동그랗게 이어 묶어
홀로 핀 바람 곁에서 저만치 웃고 있네

강과 산

강과 산 세상 안에 나란히 살아간다
흐르는 강이 있고 널따란 산 있어도
서로는
대결하지 않고
물을 주고 흙을 준다

강물은 길고 깊고 산들은 탁월하다
서로는 우열 없이 흘러가고 올라가고
그 앞에
서 있는 사람
넓어지고 높아진다

흐르는 강이 좋고 오르는 산이 좋다
강과 산 누구에나 나란히 내어주며
서로는
말이 없어도
좋아하고 좋아한다

아버지의 바둑판 & 긴 독백

말벗인 바둑판만 들여보다 마신 소주
크윽 큭 소리 안에 삼킴인가 뱉음인가
모른다. 그 미묘한 표정 벌겋게 웃는 모습

언젠가 그 술맛이 달지 않은 날이었나
불 꺼진 방 안에서 보이잖는 바둑판에
눈감고 크~ 소리 없이 진한 소주 마시던 날

한참이 지나고서 훌쩍이는 눈물방울
이따금 내가 듣던 그 익숙한 소리였다
아버지 우시는 걸까 그날 밤이 아물 하다

그 눈빛 어색해서 대화인지 혼잣말로
그러다 말도 없이 그 자리에 누우셨다
나 몰래 내 마음도 같이 그 곁에 술이 됐다

추석 달아

추석 달이 오른다 산도 강도 옥상에도
내 고향 빙빙 돌다 눈 맞춤 들고 와서
한 아름
저리 둥글고
노랗게 구운 달아

어머니 태반 같은 아버지 등짝 같은
달빛에 그슬어서 내 이름을 지어준
그 달집
초가삼간에
토끼 같은 보름달아

둘러봐도 딱히 없는 도시 골목 추석 냄새
찻길에 발목 잡힌 아픔까지 끌어안고
반갑게
마실 가는듯한
달음에 밝은 달아

보이지 않는 절기

입춘은 기이하게 겨울의 그늘이고
가을이 오고 있는 입추도 여름 마루
봄기운
따스할 때 아닌
추움 속에 이미 오는

가을의 기운 역시 서늘할 때 아님임을
더 한창 더울 때에 우리 곁에 도착했고
절기가
삶에서 품는
지혜로움 참 놀랍다

혹한도 보이잖은 봄날을 상상하다
그렇게 다가옴이 끓어오른 99도에서
극한의
봄을 향한 밤
더 한발을 갈 수 있다

아녜스의 성탄

손녀딸 아녜스는 성탄절을 좋아한다
성모님 품에 안겨 아기처럼 옹알대도
세상을
꽤 살아온 우린
그 마음을 모른다

사랑의 그리움을 나누려고 태어났던
그 아기 예수님의 마음으로 달려가서
세상의
모든 아픔 속을
대신해서 녹인다

가슴에 장애라는 십자가의 무거운 짐
고통을 잊으려는 저 모습에 숨은 평화
성탄은
달콤하고 설렌
아녜스의 날이다

*아녜스: 가톨릭 신자인 장애아 손녀딸 세례명

어느 행성의 삶

폐지의 중력으로 삶을 쌓는 저 노부부
새벽의 날마다는 저 별빛이 떠다니는
느른한 희망의 시간 희붐하게 밝아온다

애초엔 곁눈질로 끌려가던 발걸음이
이제는 몰래 숨은 한 조각도 놓지 않는
몸에 밴 한 톨의 숙련이 든든한 믿음이다

주름을 타고내린 땀방울의 빈 소금기
한 계절 또 굽어진 나이테를 끌고 가는
희미한 골목길의 생업 질문 없는 삶이다

여름엔 박스 속을 겨울엔 박스 위로
냉온이 덮쳐오는 길바닥을 쓸고 가는
행성의 귀갓길 따라 허휘허휘 해가 진다

아! 울릉도

울릉도 밤바다에 어화漁火의 꽃이 피면
오징어 집어등이 밝힌 불로 둥실둥실
고요 속 파도를 넘는 가슴들로 우렁차다

울릉도 원시림은 약초들로 익어가고
해변의 기암절벽 향나무의 군락지들
무성한 대나무 숲은 수천 년을 피고 지고

울릉도 섬이랄까 산이랄까 바다랄까
바다도 산도 깊어 살아있는 화석으로
고사리 바다처럼 펼친 아. 놀라운 섬다운 섬

성인봉의 섬초롱꽃 섬시호 섬백리향
섬단풍 섬노루귀 울릉도의 특산 섬 섬
밤하늘 별처럼 점점이 하얀빛이 피어난 섬

제4부 아! 병목안 삼거리에서

아! 병목안 삼거리에서

영하의 소매 끝에 설렘을 꼭 쥐고 선
병목안 삼거리엔 그리움을 앞에 둔 채
어디서
첫사랑 한 소절
눈발처럼 나부껴

머리엔 눈을 이고 도톰한 옷 펄럭이는
아~ 아! 저 멋쩍은 웃음까지 기억하며
무동 탄
눈송이처럼
걸어오는 발자국

떨리는 헛기침에 발만 동동 구르는데
창박골 어디선가 분홍빛의 함박눈이
별안간
뜨겁던 가슴 속
동백처럼 벌어져

*2023년 아르코문학창작기금선정 작품

저무는 마음

어둑한 창에 비친 아버지 얼굴 앞에
저무는 쓸쓸함의 나뭇잎이 떨어진다
굵어진
세월의 나이테
이 저녁은 쉽게 오고

흐려진 해를 잡던 뭉클한 마음에서
줄어든 옷자락에 찬바람이 스며드는
아버지
저무는 마음 곁
오래오래 묵고 싶다

작은 행복

피곤해 찌든 남편 이를 갈며 잠을 잔다
애들은 큰 공처럼 동그랗게 말고 자고
엄마는
보지 않아도
이미 본 듯 눈물겹다

더 큰애 팔다리를 큰대자로 펴고 잔다
한참을 바라보면 마주 품고 엉긴 핏줄
하루를
데굴데굴 구른
귀한 돌이 포개잔다

서로가 보듬고서 앞 구르고 뒤구르고
상처로 따갑게도 금도 가며 하루 끝낸
이불로
돌아온 여백
위안이고 희망이다

봄날의 문장

햇살을 등에 이고 가쁘게 오가면서
이 가지 저 가지로 꽃잎의 꿀을 따며
동박새
그리움을 읽는
소리까지 듣는다

고요한 가장자리 어둠까지 싹들 틔워
잎에서 줄기까지 수액을 퍼 나르는
저 여린
생의 도돌이표
때론 눈물 때론 허기

가파른 언덕까지 있는 힘 재촉하며
바람의 날갯짓도 몸으로 밀어내는
봄날의
뜨거운 꿈들
들썩이며 올라온다

명상, 관악을 오르며

하루도 다르잖은 도심을 짚고 서서
저마다 숨을 기운 나무들 어우러져
새소리
올려 놓인 눈빛
어찌 저리 그리울까

소음도 아름다운 숲으로 가려놓고
골짝의 물소리들 하염없이 춤을 추며
이마에
포개준 햇살
삶의 주석 들려준다

몸속에 묶여 있던 통증을 끌러놓고
연주암 단청 아래 노을빛 한 줌 얹혀
석양이
적셔준 하루
귓불처럼 붉어라

빈집, 사라지는 것에 대한

하루가 다르게끔 그늘만을 조여가며
대꾸 없이 숨죽이던 그 집들 사라지고
지루한 저 하늘가엔 빈 영사기 돌아가듯

텃밭과 마을회관 코앞에 큰 감나무
묵시록 풍경 같은 생생한 기억 몇어
사람들 떠나고 나면 저리 쉽게 폐허가 돼

훤한 낮도 집안은 빈방처럼 침침하고
어두운 껍질 뚫고 바람만이 들락날락
새처럼 울지 못한 밤 얼룩만이 부서진다

*2023년 아르코문학창작기금선정 작품

다듬이 소리

기억의 저편 너머 멀어져간 소리 있다
아릿한 그리움 속 터지는 음성처럼
하얗게
뭉클 치솟는
사모의 정 그 눈물샘

귓전에 닿았다가 춤사위로 흩어지고
허공을 종횡으로 가로지른 선율이여
정으로
메아리쳐 오는
그 시절의 수채화다

가슴에 맺혀 있던 응어리를 두들기는
오묘한 높낮이의 속도 조절 기막히다
설움을
허공에 날리고
세월 다듬던 그 소리여

코로나. 묻고 싶다

이 세월 어땠나요. 봄은요 여름은요
마음이 슬퍼진다. 이전의 겨울은요
지나간
계절이 궁금해
불쑥 꺼내 울고 싶다

집에만 머물렀다 가두고 가둔 시간
쫓기고 흘러온 길 할래야 할 수 없는
밖에는
어두워지고
조심하라 말을 한다

내가 뭘 어쨌다고 울고 싶은 나만일까
엎치고 덮치다가 낙심하고 절망할 것
어느 길
갈 곳이 없는
외로움만 흔들린다

짜장면의 추억

어릴 때 아버지와 장터에 따라갔다
처음 맛본 짜장면 감칠맛을 맛본 기억
몇 해 뒤
중학 졸업식 후
중국집서 먹던 추억

내 혀에 숨어있던 그 맛 아직 남았는데
시장기 따라가던 그 중국집 사라지고
몇 올의
첫 젓가락질만
지문처럼 남아있다

거울 속 콧물 찔찔 흘리던 그 옛날이
고향의 짜장면 맛 여전히 끌어올라
내 빈들
자존심 무너진
짜장면 맛 어쩔까

들국화

태곳적 침묵으로 불현듯 솟아오른
꽃의 탄생 더없이 아름다운 몸짓이다
들국화 가을 들녘에 꽃물 드는 세상 보라

들에 피어 들국화라 부르는 거겠지만
정갈한 연민으로 사랑의 꿈을 익힌
절벽 끝 꽃 한 송이가 뭉클하게 다가와

그리운 행성 하나 노랗게 저문 밤에
들국화 외로움을 침묵으로 흔든 미소
한 천 년 가늘게 떨려 솟아오른 가쁜 숨

화진포의 밤

파도로 밀려오는 백사장 북쪽 아래
녹이 슨 초소마다 어둠의 추를 달고
해안선 자물쇠를 채운
초병 눈빛 서성인다

등불을 입에 물고 찰싹이는 파도 소리
남북을 관통하다 바닷새 돌아온 날
눈시울 까맣게 태운
이 긴 밤은 누구일까

긴장을 비비다가 뒤척이는 그 언저리
갑옷 입은 소나무 거울처럼 고요한데
아직도 궤양처럼 쓰린
이 얼룩을 어찌할까

죽방렴에 대하여

물고기 스스로가 들어와서 갇히는 곳
저 바다 깊은 물속 어떻게 말뚝 박고
썰물을 그러모아서 멸치 떼를 잡았을까

물살이 빠른 곳에 물고기가 다니는 길
말목과 말목 사이 대나무로 발을 엮어
울타리 그 안에 갇힌 물고기를 잡는 걸까

멸치랑 문절망둑 볼락 전어 전갱이 등
다수인 멸치들을 정성스레 건져 올려
곧바로 삶아내면서 발막*에다 내다 말려

사월에 잡아 올린 지름치인 큰 멸치와
오월에 잡는 멸치 시랭이란 세세멸 등
수백 년 한자리를 지킨 전통 어로 죽방렴

*발막-멸치를 삶아 말리는 곳

화개장터

벚꽃 핀 장터에는 눈도 호강 입도 호강
이름난 화개장터 재첩국의 냄새 짙어
어여야 흐드러진 봄 우루르- 물려온다

지리산 맑은 물이 섬진강을 흘러들어
예부터 여러 지방 사람이 몰려오고
자연의 풍요로움을 서로 나눈 화개장터

지리산 화전민도 구례 함양 사람들도
섬진강 물줄기가 쌍계사를 사이 두고
흐르는 자연경관 속 조화로움 피어난다

중앙시장 해남집

조금은 한가로운 시장 뒷길 노점 골목
십 년 전 퇴직해서 이 동네로 이사를 온
작가인
이 교수가 아는
단골집 노점이다

이따금 글 쓰다가 허허로움 달래려고
버스 안 서 이 선생을 불러내 찾아가면
웃음 띤
해남 댁 얼굴
차림표도 여전하다

기껏해야 순대와 닭똥집에 돼지껍질
단골들 술잔 속에 흥이 오른 품속으로
요란도
과묵지도 않게
슬쩍 얹는 예순 미소

다슬기의 추억

해 질 녘 소꼴 베어 망태기에 가득 담고
도랑가 돌막 들춰 한소끔 잡는 것들
고향엔 이 다슬기를 올갱이로 불렀지

시원한 된장국에 가루 묻혀 끓여 놓고
올갱이를 탱자나무 가시로 빼내 먹던
그 시절 잊고 살아온 그 맛을 불러본다

산들이 옹기종기 새 떼처럼 모여 있는
그 동네 가운데를 질러가는 냇물에는
저녁놀 가물거리는 올갱이의 고향이다

어머니

이 더운 바심 한철 또 얼마나 고됐을까
흐르는 강물보다 더 깊은 속 그 가슴은
서산의 해가 지도록 들녘에서 혼을 뺐지

한여름 뙤약 이고 김을 매다 젖는 땀은
그 곱던 얼굴 위로 잡초처럼 무성하고
손등에 굳은살 박여도 아픈 줄도 몰랐지요

흙 내음 묻어나는 주름 접힌 웃음 속에
칠순이 넘어가도 바람처럼 맞다 가신
아직도 웃고 계실 거기 눈물 하나 비친다

흐린 날 노포에서

삶이란 아픔 하나 품에 안고 사는 거고
누구는 먹는 음식 즐기면서 사는 거라
그 말이 어느 게 진실에 가까운지 모으지만

나이를 먹으면서 자연스레 먹는 것들
어느 날 낡은 노포 한구석에 마주 앉아
허술한 낮술을 나누며 흐린 오후 마신다

녹두전에 막걸리가 침샘을 자극하며
텁텁한 글쟁이가 따라주는 구성진 맛
웃자란 어린이처럼 웃음빛도 맛깔스레

시편을 나눠보고 시인들의 취향까지
잔 속에 섞어가며 퇴고하는 붉은 얼굴
취기로 원고지 밖은 후들후들 비가 온다

천 년 느티의 길

행자의 모습으로 세상을 내다보며
제 몸짓 다 털어낸 텅 비운 몸속에다
한 점의 바람을 입힌
눈뜬 눈먼 쉼표 하나

저렇듯 하늘 품어 눈비도 달게 받아
천수를 이고 섯는 화엄의 묵언인가
어제도 오늘도 이울
가을 색을 입는다

그림자 깨워놓고 웃음으로 경탄하다
조금씩 한 걸음씩 산 넘을 순례 길에
다시 올 그다음 세상
능선 하나 감는다

아! 이 나이 되고 보니

눈가에 잡힌 주름 친숙하게 다가올 때
무엇을 잡을 거고 무엇을 놓을 건지
눈보다
가슴으로 본
남은 삶이 아리다

남자로 살아오다 어느 날 어느 시에
밖에서 안으로 와 여자가 되는 거고
한평생
굵었던 팔도
여자처럼 여리다

지금껏 내 멋대로 여기고 살아온 날
이제는 설거지를 지고 사는 나이 되니
먼 들녘
불어오는 바람
눈시울도 시리다

사라지는 이발소

희고 붉은 나선의 줄 그어진 원기둥도
의자의 널빤지 위 걸터앉던 이발소도
이제는 바리캉 소리 하나둘씩 꺼져간다

남성용 스킨 병과 염색약 포마드 향
서늘한 감각 속에 서걱이던 가위질로
한순간 졸음이 오다 꾸지람을 듣던 일

스포츠 상고머리 그 주문은 어디 가고
전동기 모터 소리 치마 섶에 떨어지는
미용사 여자미용실로 걸음걸이 옮겨간다

샴푸 후 드라이어 헤어 락스 스프레이
그 또한 사라지고 빗질만 두어 번인
세상도 바빠진 삶의 머릿속인 탓일까

은정이네 코다리조림

빨간 국물 보고서야 군침이 돋아난다
얼큰한 고춧가루 먹잖아도 얼얼하다
두툼한
양감에 뒤로
또 뭉근한 단맛이다

바다에 풀어주면 헤엄도 칠 것처럼
그 바다 푸르지 않고 빨갛게 물들었다
명태가
시를 읊는 듯
생각나서 웃고 있다

졸아든 국물 속에 코다리살 밥에 올려
매콤하고 달콤한 맛 입안으로 달래 보니
고소한
입맛에 담긴
생각나는 사람 있다

꽃 이름을 꺾지 마라

아무리 예쁜 꽃도 함부로 꺾지 마라
누군가 아픔을 줄 회초리 거두거라
꽃이란 이름 앞에는 고요로움 들어있다

꽃신에 꽃가마에 시집가는 색시처럼
꽃그늘 꽃구름에 꽃노래 피어난다
아이야 나쁜 것보다 꽃 이름에 그리워라

꽃국물 꽃소금도 한없이 진한 거다
화려한 세상보다 태생적인 아름다움
곰곰이 생각해 보면 숨소리도 꽃이다

꽃처럼 고루 펴서 꽃꽂이 붙인 이름
고르고 고른 풍미 사랑받을 이름이다
자연의 상태에서나 삶이 옮긴 몫이다

봄날의 통증

봄꽃이 허리 짧게 통증으로 터지던 밤
허구한 날 지새다 혀끝으로 앓던 정이
그래도 더 모자라서 어지러움 번져가

무릎에 봄의 얼룩 또 덧없이 저려오다
봄밤도 산허리의 어디 대고 우는 건가
이맘때 끊어짐 임 소식 편지처럼 쓰는가

봄꽃의 설렘이 비사치듯 터지는 밤
가난한 내 숨결로 기대지 못한 말들
도시의 환부에 놓인 불빛만큼 따갑다

종묘 공원 노인

두꺼운 옷차림에 은행잎은 떨어지고
물드는 단풍 속에 노을 지는 종묘 공원
저 하늘
흰 구름 이는 곳
오늘따라 쓸쓸하다

벤치 곁 스쳐 가는 수많은 굽은 세월
아무리 잊으려도 짙어지는 외로움에
뭘 해도
채워지지 않는
주름뿐인 침묵만

한 조각 빵을 먹는 오후의 종묘 텃새
뒤척이던 기침 소리 고독으로 물려오다
해지는
서쪽 하늘만
바라보는 붉은 눈물

어느 엄마의 기도

아파도 참았는데 참기 힘든 아픔 있다
내 힘든 건 이겼는데 자식 힒듦 안타까워
아픈 애 가슴 앞에서 기도하는 엄마 본다

기도가 모든 힘을 자식에게 주고 싶어
어릴 때 내 엄마도 지금의 나와 같이
아이야 엄마의 엄마도 무릎 꿇고 기도했다

지금 내가 아픈 너의 가슴 앞에 엎드릴 때
나 혼자 있지 않고 여기 없는 내 엄마도
내 앞에 나와 똑같이 무릎 꿇고 기도했다

베트벳 송년에 핀 노래

오래된 명찰 앞에 수북 쌓인 노을빛들
반가움을 호명하는 웃음소리 꽃이 핀다
전장의 빛나던 눈빛엔 그리움이 출렁인다

기러기 날아가는 이 차가운 가을 녘은
50년 전 월남전서 함께 싸운 얼굴들이
추억 속 월남의 달밤을 노래하는 박수 소리

영웅들의 상처를 아우르고 달래 가며
주름진 얼굴들을 서로가 덮어주며
이 밤이 진하도록 뜨거운 가슴으로 타오른다

정글 속 무용담을 머릿속에 그려보며
기억으로 가물대던 포화 속을 뚫고 나온
지난날 조국에 바친 태극기가 펄럭인다

*유튜브 "월남전과 한국" 베트벳 전우 송년회

제5부 가슴에 남는 풍경

가슴에 남는 풍경

이 고요한 풍경은 어디에서 온 것일까
적막의 오랜 시간 눈에 갇힌 경험 지나
해 질 녘
열차가 떠난 후
홀로 남은 기차역

빈약한 환경 속에 시원찮은 일터지만
주어진 철도역이 자기의 고향인 듯
마지막
터를 닦으며
시를 쓰는 사람들

언제나 일손에는 한 토막 시를 들고
하루치 아픔들을 들여놓고 내려놓는
저 한 톨
인생을 걸고
쉼표 하나 찍고 있다

유년의 찔레꽃

저 눈빛, 달빛 아래 부서지는 그리움도
숨가삐 반짝이던 내 유년의 찔레 빛들
가시 잎 톡톡 지는 밤 외로움이 몰려온다

또 먼 길 떠난 생각 울음 섞어 피었을까
울 밑에 홀로 서서 꺼지잖는 등불처럼
찔레 빛 마음을 포개 어찌 이리 하얄까

누군가 달려올 듯 사립문 열어놓고
예전에 알 것 같은 아픔을 지우면서
오월이 숨이 막힐 듯 익숙하게 피고 있네

꽃과 시

꽃집에 꽃이 살고 꽃들이 만발한 곳
멀리서 들려오는 꽃들의 노랫소리
꽃만큼
꽃이 좋아서
피는 꽃을 바라보고

시집에 시가 살고 시들이 만발한 곳
누구나 들춰보는 시들의 노랫소리
시만큼
시가 좋아서
눈을 감고 읊조리고

사랑이 꽃이 되고 사랑이 시가 된다
마음이 머문 곳에 생각이 사는 곳에
누구나
가서 살고 싶은
꽃이 피고 시가 된다

혼자 우는 바람

나뭇잎 말려가며 혼자 우는 가을바람
입술이 갈라지는 국화꽃을 바라보다
요 며칠
기름기 없는
잡곡밥을 먹어 본다

나보다 먼저 가는 고향 친구 카톡 부고
멍하니 구름 하늘 바라보니 허허하다
누구도
가로막지 못할
목이 멘 세월인가

능금 꽃 희망

산비알 그 아래서 꽃향기로 그윽하던
외로운 가지 끝은 들새 떼 날아 앉아
하이얀 꽃잎 슬하에 피어나는 새순 소리

해 뜨면 북을 주고 해지면 꿈을 꾸는
해 고름 시작으로 애면글면 길어 올려
까맣게 그을려 피운 햇살 먹인 옹알이들

팔월의 뙤약 이고 동동 달군 단물 소리
하늘이 땅에 묻은 비바람과 엉긴 세월
초록서 익혀낸 날은 또 한 생을 길러낸다

산골짝 주렁주렁 매달리는 저 포만감
그리움 포개오는 빨간 색의 동요 소리
옹골진 사과나무 꿈 쌓이도록 흥겨워라

*2023년 아르코문학창작기금선정 작품

두레박

저 깊고 또 어두운 수면에 닿는 순간
섬뜩한 철렁 감에 보이잖는 시의 눈물
그 속에 얼마나 많은 두레박을 빠뜨렸나

어느 날 침을 뱉고 고개 돌려 보았지만
또다시 돌아와서 그 우물을 길어본다
아무도 용서하지 않는 깊이 모를 못이다

한 주먹 밥그릇도 안 되는 나의 영혼
목마른 가슴 속에 채우고픈 욕망일까
차갑고 시리도록 저린 어둠 속의 정화수

콩나물시루의 시간

시루 안 생명력이 빼곡하게 올라온다
한 모금 물줄기를 기다리는 고갯짓도
어둑한
지하철 안의
비좁음도 생존이다

침묵이 달라붙은 지하 벽의 목마름과
매달린 버스 안도 콩나물의 시간이고
시루는
생명의 성전
미더운 몸짓이다

하루해 딸꾹질로 퍼 올리는 생명의 녘
저 하얀 발꿈치로 키재기를 하는 것도
한 모금
삶의 군집群集이
살아가는 힘이다

수주팔봉*

골짝은 병풍 두른 풋내음의 얼룩으로
찔레 빛 향기 아래 수북하게 엉겨 붙어
한 폭의 수묵화로 핀 고즈넉한 달래 빛

녹 빛은 뒤적이던 풀무치로 날아가고
해맑은 푸르름은 그리움을 내려놓다
더한층 무성해지며 다독이는 봉우리들

어디서 시문 한 줄 물결 위에 띄워놓고
녹음이 다 못 태운 스침으로 내려앉아
팔봉은 그 길 타고 온 가슴들을 적시는가

*충북 충주시 살미면 향산리에 위치한 자연경관

봄 에덴의 이름으로

바람의 냄새 앞에 부드러움 짙어가며
초록의 깊은 생명 수액으로 흘러들어
어둠의
무게를 여는
옹알이를 하고 있다

이런 봄 달이면서 두드리던 설렘마저
딸꾹질한 그 자리에 깃발로 꽂아놓고
제각기
다른 이름으로
떠올리는 꿈을 꾼다

팽팽한 꽃 눈물은 어디에서 온 것일까
먼 빛으로 날고 있는 그리움을 오므렸다
에덴이
밀려오는 시간
첫 지문을 찍는다

호스피스 병동에서

3층의 호스피스 병동 앞에 멈췄을 때
무언중 긴 숨으로 배회하는 두려움증
잠자듯 누워서 있는 병실 안의 한 그림자

얼굴이 창백하긴 밀랍 인형 조각 같다
그래도 저 오뚝한 콧날과 훤한 이마
한 때의 젊은 시절엔 수려했던 얼굴인데

오지의 산골짝을 부임했던 선생님은
아이들 그 앞에서 선망의 대상으로
학생들 흑백사진 속 한가운데 섰던 분

당시엔 사진 찍음, 유일한 호사인데
사소한 장난까지 끄덕이던 울 선생님
끝까지 너만 믿는다던 그 믿음이 가시려고

달래강, 그리움을 읽다

바쁘게 흘러가도 앙금은 가라앉고
거기에 석화되어 올라오던 그리움은
비춰도
눈에 없는 것
다슬기의 눈물인가

가느란 여울 속에 묻어오는 기적소리
애달픈 봄볕 아래 새겨놓은 화석처럼
가슴속
수직으로 잰 꿈
울먹이며 가는 거

애틋한 표정으로 앉아 있던 그대 품에
경계를 지우려는 텃새들의 울음마저
강물은
포기하지 않고
지난날을 읽는다

벽파항*에 시조를 입히다

벽파항 깊은 물은 울음소리 올라오고
커다란 바위 계단 깔고 앉은 벽파정은
마루에 바람 소리 올라 시를 읊는 사월아

석화 핀 언덕 위로 그리움이 피어나고
벽파진 전첩비는 함성으로 끓어올라
또 한 번 용솟음치는 충무공의 이 봄날

한산섬 시 한 수에 시조의 노를 저어
벽파진 나루 위로 올라오는 춤사위는
한 음절 장군의 물살 봄바람에 출렁인다

*벽파항: 진도군 고군면 벽파리에 있는 소규모 어항

내 아버지

긴 가뭄 들판에서 왼 종일 말이 없다
한밤중 빗소리에 논두렁서 밤을 새며
혼자서
비 철철 맞는
저 농부가 내 아버지

소 꼴을 베시다가 낫자루에 피 묻어도
냇도랑서 손을 씻다 도시 자식 걱정한 이
오뉴월
뙤약 아래서
피를 뽑는 내 아버지

한 번쯤 안고 싶을 그 가슴이 허전해도
화 한 번 안 내시고 웃어만 주시던 이
지금은
어디서도 못 볼
기억 속에 내 아버지

국화

흐르고 또 흐르는 개화의 시간 속에
처연한 울음 끝도 먹구름도 지나가고
꽃철의 거의 끝자락서 고결하게 피운 너

차가운 서릿발도 묵묵하게 견뎌내며
정원에 가득 고인 인고의 아름다움
억겁의 꿈을 안고서 또 겹겹이 어른거려

노오란 꽃잎 새로 생명력을 꼬아두고
둥글게 걸어 나온 네 앞에 멈춰 서서
무슨 말 하고 싶은 걸까 외람됨을 물어본다

이렇게 살아요

우리도 고운 빛에 물들이며 살아가요
아픔의 흔적들은 빨갛게 물들이고
슬픔의 얼룩진 곳은 노랑 빛에 물들여요

우리 또 늙지 말고 그 빛깔로 살아가요
고난의 흔적들은 파랗게 물들이고
상처로 더께 진 곳은 보랏빛을 입히고요

우리가 사는 곳에 아름답게 머무르며
저 작은 별꽃처럼 깜박이며 살아가요
두 장의 이파리 사이 고운 미소 하나처럼

눈 소리

시간의 여울 속에 흘려보낸 삶의 자취
송두리째 지우려다 그대로 남겨둔 채
오늘도
한 장 남은 달력
밀린 숙제 꺼내본다

치킨집 문 앞에는 빨간 모자 눈사람이
어둑한 골목길서 손님맞이 손짓하며
해종일
내리는 눈발
머리 위에 얹고 있네

쌓인 눈 얼어붙은 12월의 저문 거리
그 위로 또 내리는 포근한 고향 생각
서로가
모른 이들도
눈빛으로 구르네

그리움 & 어머니

무엇이 사라질 때 그리움이 시작된다
허전함과 달콤함 그사이에 핀 그리움
마음도 긁어모으면 그리움이 되는 건가

말로도 그려보고 글로도 그려보고
생각을 긁어보고 형상을 긁어봐도
어머닌 그리움의 샘 그리움인 어머니

자식 곁에 누워만 있어 줘도 그리운 이
그러다 멀리 가면 더 그리운 기억 속에
그리움 가득 채워진 그리움의 이름이여

구절초의 노래

아무도 찾지 않는 해거름 녘 외딴곳에
잊은 세월 여기 내려 호젓이 꽃 피웠나
바람 끝 입에 물고서 산그늘도 따라 운다

그립다 말 안 해도 외롬 타는 눈빛으로
저 먼 곳 언덕 위로 기댈 곳 나풀대며
이름도 마음까지도 하얀 모습 흔드는가

저무는 노을 속에 한줄기 눈물 되어
기러기 돌아올 날 가슴에 안은 채로
우는 듯 흐느끼듯이 된바람을 꺾습니다

성모님 곁으로

분홍빛 제라늄도 저 하얀 옷자락서
오월의 기쁨으로 송이송이 피어나고
어머니 인자한 미소 손을 내어 부릅니다

자애의 찬미가를 묵주 알에 입혀 놓고
사랑과 사랑 사이 마주하는 어머니여
저희도 심신의 꽃을 성모님께 올립니다

세상의 소란함과 고통과 욕망까지
어머니 고요함이 풍경처럼 드리워져
평화의 고운 눈빛을 지으시며 걷어주네

삭막한 마음속을 꽃밭으로 가꿔주는
우리의 위로자요 전구자인 어머니가
자애의 아름다움으로 출렁이며 오라시네

고향 꿈

고향이라 쓰고 나면 그리움이 글썽이고
눈감으면 어느새 지난날의 한 장면이
아직도
주렁주렁 열린
대추나무 가지처럼

장독대 곁에 서서 쳐다보면 눈물 난다
살면서 몸을 기댄 마음이 아직 남아
손 편지
쓰는 날이면
고향 것들 눈에 어려

가난이 널려 있는 초가 굴뚝 연기처럼
아버지 등이 굽은 들녘을 바라보며
선명히
걸어오는 것
아주 작은 달빛처럼

석양의 노모

먼 길을 걸어서 온 고비의 낙타처럼
등 굽은 쓸쓸함과 녹이 슨 바람 소리
빈집에 헐케 주저앉은 당신은 누구세요

퇴행성 관절 안고 긴 밤을 지새우며
쑤시는 바람 속에 인적 없이 혼자 앓다
한 움큼 오므린 그림자 당신은 누구세요

하루 해 마주하다 그리움을 쥐어보며
늦도록 오래오래 서성이던 노을까지
그 곁이 서로 고마워 눈물짓는 당신은

수국

보랏빛 살을 찌워 송이송이 벌어지면
파랗게 즙을 짜서 수국 곁에 가고 싶다
그렇게
바짝 다가와
혼자인 듯 외로운 너

해 잘든 뜨락 속에 빼곡하게 앉혀놓고
한 지름 여름 앓던 애인처럼 가꾼 나날
햇살이
마구 쏟아진
그 칠월이 생각나

상처도 받지 않고 사랑놀이 그만두고
살포시 부는 바람 깃털처럼 살고 싶어
그 마음
지그시 옹그린
향기로움 수굿하다

시 같이 그런 사람

만나고 돌아서면 두고두고 기억나는
내게도 그런 사람 있었으면 참 좋겠다
덮었다 느닷없이 생각나 꺼내 보는 시처럼

왜 그리 좋은 건지 따지자면 그냥이다
사람이 좋은 건데 또 이유가 있을 건가
잊다가 나중에 생각나 다시 읽는 시처럼

혼자서 그 사람이 시처럼 좋은 건데
그래도 말하라면 영화 속 장면처럼
마음이 다가가는 거고 둘이면서 하나인

그 하나 붙잡고서 그리움의 설렘으로
또 자꾸 돌아보고 부드럽게 살펴 가며
고마운 바램으로 뀐 진주 같은 그런 사람

끝없이 피는 꽃

어려움 뚫어 뚫고 피어난 강인한 꽃
나라꽃 방방곡곡 끝없이 피어난 꽃
무궁화 삼천리강산 배달민족 정기의 꽃

한여름 더위 속에 날마다 피는 꽃은
천 년을 거슬러서 이보다 더 천 년을
삼천리 곳곳에 피어 힘과 용기 심은 꽃

아침에 피었다가 저녁에 진 끈질긴 꽃
일 원짜리 주화에 새겨있던 무궁화꽃
진홍빛 단심을 가진 새벽에서 저녁까지

■ 평설

그리움과 추억의 파노라마
-절제의 미학으로 본 김태희 시조의 서정 세계

구충회 (시조시인, 문학박사)

1. 여는 말

　김태희 시인은 시조 문학계의 자타가 공인하는 중견 시인이다. 1985년 중앙일보 시조백일장에서 「추풍령」으로 장원을 하였으니, 무려 40년 전의 일이다. 그 후 7차례에 걸쳐 중앙일보 시조백일장에 당선되었다. 전국 시조 공모전에도 무려 25차례의 시조문학상을 수상한바 있다. 이는 시조 문학계에서 확실한 위상을 다진 것으로 보이는 증거라 할 것이다. 그뿐만 아니라, 계간《문학저널》시조부문 심사위원장을 지냈고, 2023년에는 한국문화예술위원회에서 실시하는 시조부문 '아르코문학창작' 작가로 선정되었다. 지금까지 5천여 수에 달하는 시조를 창작했으니, 이 또한 파천(破天)의 업(業)을 지고 태어난 운명적 시인이 아닌가 싶다. 현재 한국시조협회 부이사장과 한국문인협회 정책개발위원으로 시조발전에 진력하고 있으며, '문장웹진'을 통하여 젊은 시인들과도 왕성한 온라인 문학 활동을 펼치고 있는 중이다.

김태희 시인의 시조집으로는 『달래강 여울 소리』, 『그날의 소금밭』, 『창가에 정형을 들이다』, 『아플 때 피는 꽃』이 있고, 이번에 상재할 『그리움이 타는 노을』은 시인의 다섯 번째 시조집이 되는 셈이다. 지금까지 40년 동안 시류에 편승하여 좌고우면(左顧右眄)하지 않고, 오로지 '오도일이관지(吾道一以貫之)'의 자세로 시조 문학에 정진하고 있는 김태희 시인께 필자는 머리 숙여 경의를 표하며, 바위처럼 무거운 마음으로 이 글을 쓰기로 했다.

김태희 시인은 행운아다. 시조 생활 40년 만에 우리의 전통시인 시조가 달나라에 착륙하는 경사를 맞았으니 말이다. 올해 1월 15일 새벽 1시 11분(현지 시각) 미국 플로리다에서 발사된 민간 우주기업 파이어 플라이(Fire Fly)의 달착륙선 '블루 고스트(Blue Ghost)'가 우리 시조 8편이 게재된 시집 『폴라리스 트릴로지, The polaris Trilogy』를 싣고 45일 간 비행을 마친 후, 지난 3월 2일 한국시간 17시 36분 달 표면 목표지점에 무사히 도착했다. 이는 시조역사 700여 년만의 쾌거요, 세종대왕이 훈민정음을 반포하신지 579년 만의 경사다. 그동안 자유시의 그늘에 가려있던 시조가 독립된 문학 장르로 정체성을 인정받아 시조의 우주시대를 맞게 된 것이다.

그럼에도 불구하고, 세계가 인정해서 달나라까지 간

우리 시조가 '유네스코 인류무형문화유산'은 고사하고 '국가무형문화재'로도 등록되지 못한 것은 참으로 부끄러운 일이 아닐 수 없다. 이제 우리 시조시인은 이러한 점에 관심을 가지고 시조를 우선 '국가무형문화재'로 등록하는데 힘을 모아야 할 때가 아닌가. 이 자리를 빌려 말하고 싶은 거다.

2. 김태희 시조의 작품 세계

김태희 시인의 제5 시조집 『그리움이 타는 노을』에 실린 작품 수는 모두 127수로, 이를 한마디로 포괄하면, '그리움과 추억의 파노라마'다. 그러나 이들 작품은 낭만주의적 감성에 치우친 서사적 담론이 아니다. 그리움의 시는 그리움을 넘어 그리움의 본질을 추구하면서도 현대시조로의 변환을 꾀하고 있으며, 추억의 시는 시대의 급속한 변화에 따라 사라져가는 우리 고유문화에 대한 애착과 아쉬움을 표출하는 동시에, 독자로 하여금 온고지신(溫故知新)과 법고창신(法古創新)의 정신을 일깨우는데 의미를 두고 있는 우리 사회의 변천사다.

김태희 시인의 자연 사랑은 각별하며, 자연에 대한 심미적 감수성은 누구보다도 예민하다. 김 시인이 자연 서정의 형이상학적 표상화에서 절륜의 경지를 보이는 것은 결코 우연이 아니라 필연이다.

김태희 시인은 계절의 변화에 민감하다. 찔레꽃이 만발한 봄이 되면, 열세 살 때의 '은영'이 생각에 가슴을 달구고, "도시의 환부에 놓인 불빛만큼" 따가울 정도로 봄꽃에 대한 통증을 느끼기도 한다. 여름이 오면 "뙤약볕에 매달린 기억"을 추스르지 못해 폭포로 달려가기도 하고, 가을이면 갈 곳이 없는 무의탁 노인에 대한 동병상련(同病相憐)의 연민을 느낀 나머지, 노을 짙은 서녘 하늘을 바라보면서 "붉은 눈물"을 흘리기도 한다. 추운 겨울이 오면 토렴국밥집을 찾아가 주인과 돌아가신 할머니의 따스한 손맛을 맛보며 '공유의 미덕'을 체험하기도 한다.

김태희 시인은 누구보다도 가족 사랑이 곡진하다. 하늘나라에 계신 어머니와 아버지에 대한 사랑은 오매불망 그리움의 표상이고, 앓고 있는 자식에 대한 사랑은 처절한 동병상련이다. 장애를 안고 있는 손녀딸 '아녜스'는 금쪽같은 존재요, 그녀에 대한 시인의 각별한 사랑은 솜사탕처럼 살뜰하다.

필자는 시조가 절제의 미학이라는 측면에서 김태희 시인의 작품 세계를 조명해 보고자 한다.

(1) 그리움의 변주곡

김태희 시인의 시조집 『그리움이 타는 노을』에 실린 작품 127편 가운데 그리움에 관련된 작품은 50여 수로,

전체의 39%를 상회하고 있다. 그러니 김 시인은 '그리움의 시인'이다. 그리움의 본질은 부재(不在)의 인식에서 비롯된 애틋한 정서적 결핍감이라 할 수 있다. 그래서 세계적으로 명성을 얻은 영성과 사랑의 철학자 칼릴 지브란은 "떠난 후에야 진정한 그리움이 시작 된다."고 했고, 앙드레 말로는 사람의 감정 중 "가장 오래 남는 감정은 그리움"이라고 했다. 그리움의 시 몇 편을 골라 다음과 같이 살펴보기로 한다.

> 내 몸을 업어줬던 그 등이 생각난다
> 그 곱던 카네이션 그 가슴 내가 됐다
> 오월이 바로 당신입니다 그리워요 어머니!
> ―「어머니」 전문

누가 말했던가. "하늘의 별과 대지의 꽃과 세상의 어머니야말로 우주적 아름다움의 표상"이라고. 어머니는 내 생명의 시작이고 사랑의 원형이며, 존재의 귀의처(歸依處)다. 그래서 어머니에 대한 그리움은 아직 끝나지 않은 마지막 문장처럼 '오래된 현재'이자 '오래된 미래'가 되어 앞으로도 영원히 잊을 수가 없는 것이다. 특히 5월은 가정의 달이자 8일은 어버이날이다. 생존 시 어머니의 가슴에 달아드렸던 카네이션은 이제 시인 가슴의 카네이션이 되고 보니, 어머니에 대한 그리움이 간절하다. 시인은 종장에서 따스하고 아름다운 5월을 어머니의 사랑에 비유

하고 있다. '그리워요 어머니'는 도치된 수사법으로 시인의 가슴에 복 바치는 그리움의 절규다. 시인의 역량을 감지할 수 있는 대목이다.

> 너무나 익숙해서 눈에 없던 당신 이름
> 어느 날 창가에 선 그 뒷모습 바라보니
> 무섭던 그 세월 지나 젊은 기백 어디 갔나
>
> 성글은 머리카락 흩날리는 쓸쓸함만
> 그가 나고 내가 그인 애틋한 연민으로
> 눈시울 마구 흩어져 넘치던 힘 보이잖네
> ―「아버지 당신」 전문

아버지는 한 가정의 기둥이자 가족을 지탱하는 중심축이다. 그래서 아버지는 어느 시인의 말처럼 "바람이 불어도 꺼지지 않고 서 있는 등불"이라 했다. 가족의 생존을 위해 온갖 풍파를 이겨내면서 살아가는 한 가정의 희망이요 표상이 아버지다. 어머니는 자애롭지만 아버지는 엄숙하고 무서웠다. 그래서 엄부자모(嚴父慈母)라 하지 않았던가. 언제나 내 곁에 있으나 잘 보이지 않기에 눈에 띄지 않는 존재이기도 하다. 아버지는 말 대신 침묵으로 존재하기 때문이다. 시인은 첫째 수에서 힘 빠진 아버지의 뒷모습을 보면서 그분의 젊은 시절을 회상하고 있다. 어느새 시인도 산수(傘水)에 접어드는 나이가 되고 보니, "그가 나고 내가 그인 애틋한 연민으로" 다가오고 있는 것이다. 둘째 수는 결국 아버지의 판박이가 된 시인의 자화상이다.

> 무엇이 사라질 때 그리움이 시작된다
> 허전함과 달콤함 그 사이에 핀 그리움
> 마음도 긁어모으면 그리움이 되는 건가
>
> 말로도 그려보고 글로도 그려보고
> 생각을 긁어보고 형상을 긁어 봐도
> 어머닌 그리움의 샘 그리움인 어머니
>
> 자식 곁에 누워만 있어 줘도 그리운 이
> 그러다 멀리 가면 더 그리운 기억 속에
> 그리움 가득 채워진 그리움의 이름이여
> ―「그리움 & 어머니」 전문

이 시조는 그리움의 대표적인 작품이다. 앞서 밝힌바와 같이 "떠난 후에야 진정한 그리움이 시작 된다"고 철학자 칼릴 지브란이 말하지 않았던가. 첫째 수에서 시인은 "무엇이 사라질 때 그리움이 시작 된다"고 했다. "허전함과 달콤한 그 사이에 핀" 것이 "그리움"이라고도 했다. 그리움의 본질과 생성 원인을 규명하고 있는 것이다. 둘째 수에서는 그리움의 실체가 무엇인지, 이를 밝히기 위한 시인의 치열한 의식을 엿볼 수 있다. 셋째 수에서는 그리움의 대명사가 결국 어머니임을 확인한다. "그리움 가득 채워진 그리움의 이름" 그것은 바로 어머니라고.

이 작품에서 '그리움(그리운)'은 무려 아홉 번이나 반복되고 있다. 반복을 통한 어머니에 대한 그리움을 강조하고 있는 것이다. 그러나 지나친 감정의 노출은 시(詩)가 지성과 감성의 조화라는 측면에서 한번 생각할 필요가 있지 않을까.

> 저무는 해를 이고 그리움을 널고 있던
> 나는 또 시에 젖어 이골 난 길을 간다
> 노을 속 철새 떼 점점 영혼 속을 날아가듯
>
> 누군가 그리울 땐 석양 놀도 꽃이 된다
> 하루를 그늘 삼아 살아가는 사람처럼
> 인연도 애초부터 아닌 낯설음을 껴안는 것
>
> 하얗던 침묵에도 뜨거움이 차오르고
> 기억으로 가물대던 아픔마저 묽어지면
> 내 가슴 그리움이 들어 나도 몰래 달이 뜬다
> ―「그리움, 너머」 전문

시인에게 그리움은 시작(詩作)의 모티브로 작용한다. 그래서 습관처럼 "이골 난 길"을 갈 수 밖에 없는 것이다. 둘째 수의 "누군가 그리울 땐 석양 놀도 꽃이 된다"는 표현은 40년 경륜이 농익은 시인에게서나 맛볼 수 있는 표현이다. 마지막 셋째 수는 이 시조의 백미다. 여기서 '달'이 상징하고 있는 것은 무엇일까? 셋째 수 종장은 초장과 중장의 결과물인 한 편의 시조라고 생각해도 무방할 것이다. 이 한편의 시조를 잉태하게 된 모태는 바로 그리움인 것이다. 존재의 형이상학적 표상화가 절륜의 경지다.

(2) 추억의 파노라마

김태희 시인은 농경사회, 산업사회, 정보사회를 거쳐 인공지능 시대를 살고 있으니, 그동안 굽이진 인생길을 걸어오면서 시인이 보고 느끼고 몸소 겪은 일이 얼마나 많으랴. "청년은 미래에 살고, 중년은 현재에 살며, 노년은 추억에 기대어 산다"는 말이 있다. 그 수많은 추억들을 하나하나 꺼내어 시조란 절제된 미학으로 파노라마처럼 펼치고 있는 것이다. 김시인은 추억을 캔버스에 그려내는 화가다. 여기에 몇 작품을 골라 살펴보기로 한다.

>오히려 촌스러워 다정하고 따듯한 것
>낡아서 날도 빠져 모서리가 닳아버린
>이것들 죄다 한곳에 모여 사는 그 세상
>
>다소간 세대 잊은 사람들이 몰려와서
>추억을 자아내고 반추하는 풍물시장
>현실의 길이를 모르는 허기 같은 장터다
>―「풍물시장」 전문

풍물시장은 갖가지 추억을 모아놓은 전시장이다. 골동품과 중고품이 유명한 동묘 풍물시장을 스케치한 연시조다. 종류를 헤아릴 수없이 많은 풍물들은 지난 세월 우리가 쓰던 생활용품들이 대부분이다. 세월이 흘러 비록 낡기도 하고 닳기도 했지만, 우리의 손때가 묻었기에 따뜻한 정을 느낄 수 있는 것들이다. 그래서 시인은 "현실의 길이를 모르는 허기 같은 장터"라고 표현했는지도 모른다.

  필자 역시 신설동 풍물시장을 돌아보는 재미가 쏠쏠하다. "옛 것을 알고 새 것을 알면 남의 스승이 될 수 있다."는 공자의 '온고지신(溫故知新)'이나 '법고창신(法古創新)'이란 말이 떠오르기에 더욱 그렇다.

    희고 붉은 나선의 줄 그어진 원기둥도
    의자의 널빤지 위 걸터앉던 이발소도
    이제는 바리캉 소리 하나둘씩 꺼져간다

    남성용 스킨 병과 염색약 포마드 향
    서늘한 감각 속에 서걱이던 가위질로
    한순간 졸음이 오다 꾸지람을 듣던 일

    스포츠 상고머리 그 주문은 어디 가고
    전동기 모터소리 치마 섶에 떨어지는
    미용사 여자미용실로 걸음걸이 옮겨간다

    샴푸 후 드라이어 헤어 락스 스프레이
    그 또한 사라지고 빗질만 두어 번인
    세상도 바빠진 삶의 머릿속인 탓일까
              —「사라지는 이발소」 전문

이발소에 대한 추억을 생생하게 스케치한 작품이다. 빨강, 파랑, 흰색 줄무늬의 회전등은 이발소를 나타내는 싸인 불이다. 이 회전등의 유래를 살펴보면, 중세 유럽의 이발사 겸 외과 의사였던 시절로 거슬러 올라간다. 빨강은 피, 파랑은 정맥, 흰색은 붕대를 상징했다고 한다. 이러한 역사적 배경이 현대의 이발소 회전등으로 이어진 것이다. 지금은 이마져도 추억으로 남고 말았다. 이뿐이랴. 머리를 자를 때 쓰이던 수동식 이발기(바리캉), 남성용 스킨, 포마드, 샴푸 후 드라이어, 헤어 락스, 스프레이 등 모두 추억 속으로 사라지고, 남성 위주였던 이발소도, 이발사도, 여자미용실, 여자미용사로 바뀌고 말았다. 모두가 격세지감을 느끼지 않을 수 없는 추억들이다.

    기억의 저편 너머 멀어져간 소리 있다
    아릿한 그리움 속 터지는 음성처럼
    하얗게 뭉클 치솟는 사모의 정 그 눈물샘

    귓전에 닿았다가 춤사위로 흩어지고
    허공을 종횡으로 가로지른 선율이여
    정으로 메아리쳐 오는 그 시절의 수채화다

    가슴에 맺혀 있던 응어리를 두들기는
    오묘한 높낮이의 속도 조절 기막히다
    설음을 허공에 날리고 세월 다듬던 그 소리여
                             —「다듬이 소리」 전문

시인은 눈시울이 뜨거울 정도로 다듬이 소리에 대한 추억이 애절하다. 1980년대부터 세탁기와 다리미 등 가전제품의 보급이 확산되면서 다듬이 소리는 "기억 저편 너머"로 전설처럼 사라지고 말았다. 특히 한밤의 정적을 깨고 들리는 다듬이 소리는 "정으로 메아리쳐 오는 그 시절의 선율"이기도 하지만, 어머니의 고달픈 삶을 호소하는 절규다. 그래서 시인은 셋째 수에서 어머니의 "가슴에 맺혀 있던 응어리를 두들기는" 소리로 표현하지 않았는가. 다듬이 소리는 가슴에 맺힌 어머니의 설움을 허공에 날리면서 인고의 세월을 보내야 했던 한숨소리이기도 하다. 셋째 수 종장이 이 작품의 백미(白眉)다.

> 해 질 녘 소꼴 베어 망태기에 가득 담고
> 도랑가 돌막 들춰 한소끔 잡는 것들
> 고향엔 이 다슬기를 올갱이로 불렀지
>
> 시원한 된장국에 가루 묻혀 끓여 놓고
> 올갱이를 탱자나무 가시로 빼내 먹던
> 그 시절 잊고 살아온 그 맛을 불러본다
>
> 산들이 옹기종기 새 떼처럼 모여 있는
> 그 동네 가운데를 질러가는 냇물에는
> 저녁놀 가물거리는 올갱이의 고향이다
> ―「다슬기의 추억」 전문

나이가 들수록 고향에 대한 추억이 그리운 것은 수구

초심(首丘初心)이 아닐까. 다슬기를 소재로 쓴 추억담이다. 시인의 고향은 충북 충주다. 표준어는 '다슬기'이지만 '올갱이'는 이 지역 방언이다. "올갱이를 탱자나무 가시로 빼내 먹던 그 시절"의 그 맛이 그리운 거다. 다슬기는 껍질이 뾰족하고 알맹이는 나선형으로 말려있기 때문에 탱자나무 가시나 뾰족한 기구로 빼어내야 먹을 수 있다. 독자로 하여금 입맛을 다시게 하는 표현이 실감난다.

(3) 자연 서정

김태희 시인의 자연 사랑은 연하고질(煙霞痼疾)을 넘어 천석고황(泉石膏肓)에 이를 정도다. 그래서 그런지 시인의 시적 변용이 돋보이는 곳은 자연 서정의 표상화에서 절륜의 경지를 보인다. 이는 자연을 꿰뚫어 볼 수 있는 심미안과 함께 시작의 원동력이 된다는 점에서 높이 평가되어야 마땅하다. 지구환경 변화가 인류의 생존을 위협하고 있다. 자연에 대한 관심이 어느 때보다도 절실한 것은 이 때문이다. 몇 편을 골라 다음과 같이 살펴보기로 한다.

> 한 움큼 흙 내음을 솔기 터진 입에 물고
> 금이 간 시간의 틈 어둠속을 헤집고서
> 우주의 섭리에 따라 싹을 틔운 첫울음
> ―「생명」 전문

사유 깊은 시조다. 김태희 시인은 자연 서정을 표상화

하는데 탁월한 경지를 보인다. 땅에 묻힌 한 알의 씨앗은 금방 싹이 트는 게 아니라, 얼마간의 적절한 시간이 필요한 것이다. 그래서 "금이 간 시간의 틈"을 찾아 어두운 땅속을 뚫고 얼굴을 내미는 것이다. 어찌 식물뿐이랴. 병아리도 태어날 때가 되어야 태어난다는 '줄탁동시(啐啄同時)'란 말이 떠오르지 않는가. 결국 모든 생명은 우주의 섭리에 따라 탄생한다는 것이다. "흙 내음을 입에 물고"나 "금이 간 시간의 틈"은 시인의 역량을 가늠하기에 충분한 표현이다. "우주의 섭리를 따라 싹을 틔운 첫울음"이란 시적 변용은 생명의 신비감을 배가시키는 절륜의 표상이다.

> 만삭의 붉은 노을 갈대숲을 넘어와서
> 토혈하는 애처로움 저 생리 다 어쩌리
> 그 속에 내 질척이는 마음은 또 어쩌나
> ―「석양」 전문

석양을 응시하는 시인의 시선이 처절하다. 시인 자신이 황혼기를 눈앞에 두고 있으니, "만삭의 붉은 노을"이 아닌가. "토혈(吐血)하는 애처로움"은 석양에 대한 서사적 담론이 아니라, 석양과 내가 한 몸이 된 물아일체(物我一體)의 경지다. 종장이 이를 확인하고 있지 않은가. 사유 깊은 수작(秀作)이다.

그리운 행성 하나 노랗게 저문 밤에
들국화 외로움을 침묵으로 흔든 미소
한 천년 가늘게 떨려 솟아오른 가쁜 숨
—「들국화」세 수 중 셋째 수

　서정주의 〈국화 옆에서〉와 접맥되는 작품이다. 초장은 "행성 하나 노랗게 저문 밤"이니, 이 작품의 시간적 배경이다. 여기서 '행성'이란 지구를 지칭한 것이리라. "외로움을 침묵으로 흔든 미소"는 보편성을 탈피한 파격적인 변용이다. 이 시조의 백미(白眉)는 종장이다. 〈국화 옆에서〉 '한 송이 국화꽃을 피우기 위해 봄부터 소쩍새는 그렇게 울었나 보다'와 대비시켜 보라. 이에 비해 들국화는 "한 천년 가늘게 떨려 솟아오른 가쁜 숨"이란다. "가쁜 숨"이라니. 들국화가 피기까지는 천년 세월도 짧은가 보다. 시조의 멋과 맛을 유감없이 발휘한 수작이다.

아무도 찾지 않는 해거름 녘 외딴곳에
잊은 세월 여기 내려 호젓이 꽃 피웠나
바람 끝 입에 물고서 산그늘도 따라 운다

저무는 노을 속에 한줄기 눈물 되어
기러기 돌아올 날 가슴에 안은 채로
우는 듯 흐느끼듯이 된바람을 꺾습니다
—「구절초의 노래」첫째 수와 셋째 수

　구절초란 이름의 유래는 음력 9월 9일 중양절에 채취

한 것이 가장 약효가 좋다 하여 붙여진 이름이라 한다. 줄기의 마디가 단오에는 다섯 마디, 중양절에는 아홉 마디가 된다는 뜻의 구(九)와 중양절의 '절(節)', 혹은 '꺾는다'는 뜻의 '절(折)'자를 써서 '구절초〔九節(折)草〕'라고 한다. 셋째 수의 종장 마지막 소절 "꺾습니다"는 낯선 면이 없지 않으나 '꺾을 절(折)'과 관계가 있다고 봐야할 것이다. 첫째 수는 구절초가 핀 환경이자 화자의 외로움이 투영되고, 셋째 수는 구절초의 강인한 인내를 표현한 서정시다. "우는 듯 흐느끼듯이 된바람을 꺾습니다"란 표현이 그렇다.

> 파도로 밀려오는 백사장 북쪽 아래
> 녹이 슨 초소마다 어둠의 추를 달고
> 해안선 자물쇠를 채운 초병 눈빛 서성인다
>
> 긴장을 비비다가 뒤척이는 그 언저리
> 갑옷 입은 소나무 거울처럼 고요한데
> 아직도 궤양처럼 쓰린 이 얼룩을 어찌할까
> ─「화진포의 밤」첫째 수와 셋째 수

화진포는 강원특별자치도 고성군 거진읍 화진포길 280에 위치한 석호(潟湖)다. 원래 삼팔선 북쪽의 지역으로, 6.25 전쟁 이전에는 소련군정과 북한의 영토였다. 당시 김일성은 가족과 함께 화진포를 자주 찾았다고 전해지며, 지금도 그의 별장이 이곳에 남아있다. 6.25 전쟁 이

후 고성군 지역이 우리 영토가 되었고, 이승만 대통령과 이기붕도 화진포에서 휴가를 보냈다고 한다. 호수도 남호와 북호로 갈라져 있으니, 첫째 수는 화진포의 긴장상태를 엿볼 수 있는 서사적 담론이다. 셋째 수는 6.25 전쟁이 발발한지도 75년이 지났건만, 아직도 분단상태로 남아있으니, 시인에게는 "궤양처럼 쓰린 얼룩"으로 남아있는 것이다. 가슴 아픈 서정시다.

(4) 계절의 감각

김태희 시인은 누구보다도 계절에 대한 감각이 민감하다. 타고난 시인의 감성이 아닌가 싶다. 누가 뭐래도 한국은 축복받은 나라다. 아무리 지구환경이 변한다 해도 여전히 사계절이 뚜렷한 나라임에 틀림없다. 봄에는 생명의 신비를, 여름에는 성하의 열정을, 가을에는 수확의 풍요를, 겨울에는 백설의 낭만을 누리는 호사를 타고 났다. 계절의 변화에 따른 행동·생활·감정 패턴과 의식주의 다양한 변화는 '식상'을 벗어나 '참신'을 맛볼 수 있는 긍정적인 기회로 작용할 수도 있다. 여기서 사계절에 관련된 몇 작품을 골라 다음과 같이 살펴보기로 한다.

> 은영이 오던 날은 솔바람도 낭랑하고
> 햇살에 서성이던 찔레꽃도 맘껏 피어
> 설렘 속 포개진 향기 온 가슴을 달군 날
>
> ―「열세 살 때에」 전문

단시조의 멋과 맛을 유감없이 발휘한 서정시다. 은영이가 누구인지는 모르겠으나 시인의 가슴을 달구게 할 정도로 설레게 하는 인물임에는 틀림없다. 그녀가 오는 날은 "솔바람도 낭랑하고" "찔레꽃도 맘껏" 피었다니, 더욱 그렇다. 김소월의 〈진달래꽃〉이 '가는 임'에 대한 이별의 정한이라면 〈열세 살 때에〉는 '오는 임'에 대한 설렘이다. 종장에서 "설렘 속 포개진 향기 온 가슴을 달군 날"이라니, 시인의 문학적 역량을 감지할 수 있는 절편이다.

> 봄꽃이 허리 짧게 통증으로 터지던 밤
> 허구한 날 지새다 혀끝으로 앓던 정이
> 그래도 더 모자라서 어지러움 번져가
>
> 무릎에 봄의 얼룩 또 덧없이 저려오다
> 봄밤도 산허리의 어디 대고 우는 건가
> 이맘때 끊어진 임 소식 편지처럼 쓰는가
>
> 봄꽃의 설렘이 비사치듯 터지는 밤
> 가난한 내 숨결로 기대지 못한 말들
> 도시의 환부에 놓인 불빛만큼 따갑다
> ―「봄날의 통증」 전문

봄꽃에 대한 시인의 감각이 '통증'을 느낄 정도로 처절하다. "허구한 날 지새다 혀끝으로 앓던 정"이 현기증으로 번져가고, "무릎에 봄의 얼룩 또 덧없이 저려오다" 밤이 되면 "산허리의 어디 대고" 울 정도니 처절하지 않은가. 봄밤에 비사치듯 피어나는 꽃을 본 시인은 자신이 감당할 수 없을 정도의 한계와 절박감을 느낀다. "도시의 환부에 놓인 불빛만큼 따갑다"는 표현은 자신의 한계를 통감한 시인의 자책이요, 양심고백이다.

> 한 움큼 달라붙은 저 여름을 식히면서
> 하얗게 부서지는 물소리를 퍼 담는다
> 지금은 폭포의 시간 현기증을 씻고 있다
>
> 원초의 울음으로 태금하는 여름 문장
> 한바탕 범람하는 녹음 속을 훑고 있다
> 뙤약볕 매달린 기억 장하게 부서진다
>
> ―「구곡폭포」 전문

강원도 춘천시 남산면 강촌리 봉화산 계곡에 있는 폭포다. 높이 50m. 아홉 굽이를 돌아 들어간다 하여 구곡(九曲)이라 했다. 주변에 솟은 검봉과 울창한 숲, 그리고 기암절벽에서 내뿜는 폭포수가 어우러져 장관을 이룬다. 현기증을 느낄 정도로 "하얗게 부서지는 물소리를 퍼 담는다"라는 색채와 소리의 공감각적 이미지가 실감을 자아내고 있다. 그 물소리는 여느 물소리가 아니라, "원초의 울음으로 태금하는 여름 문장"이란다. 원관념과 보조관념의 거리가 너무 멀어 모호한 감이 없지 않으니, 독자의 신중한 사유가 요구된다 하겠다. 폭포의 장관에 빠져들다 보면 뙤약볕에 찌든 육신도 순식간에 사라지고 말겠다.

> 두꺼운 옷차림에 은행잎은 떨어지고
> 물드는 단풍 속에 노을 지는 종묘 공원
> 저 하늘 흰 구름 이는 곳 오늘따라 쓸쓸하다
>
> 벤치 곁 스쳐 가는 수많은 굽은 세월
> 아무리 잊으려도 짙어지는 외로움에
> 뭘 해도 채워지지 않는 주름뿐인 침묵만
>
> 한 조각 빵을 먹는 오후의 종묘 텃새
> 뒤척이던 기침 소리 고독으로 물려오다
> 해지는 서쪽 하늘만 바라보는 붉은 눈물
> ―「종묘공원 노인」 전문

　누구에게나 은행잎이 떨어지는 가을은 쓸쓸하고 외롭기 마련이다. 하물며 무료급식을 기다리는 무의탁 노인의 심경은 어떠랴! 첫째 수의 정경이다. 둘째 수는 외롭고 쓸쓸한 노인의 내면을 시인이 대변하고 있는 것이다. 한 끼의 무료급식으로 하루를 때우고 마감하는 노인의 삶은 처연하다. 셋째 수 종장의 "해지는 서쪽 하늘만 바라보는 붉은 눈물"이라는 표현이 대가(大家)의 역량을 과시하고 있다. 붉은 눈물은 종묘공원 노인의 또 다른 이름이기 때문이다.

오래된 주인장의 국자 질이 어설프다
한 번을 퍼 담고서 인심 좋게 또 퍼 담아
몇 번을 담았다 쏟기를 반복하고 또 한다

모르는 눈빛으로 바라보면 의아하고
퍼주기 아까워서 그러는 듯 보이지만
익숙한 풍경으로는 그 모습이 정겹다

추운 날 국을 풀 땐 할머니가 그랬듯이
이 동작 익숙한 걸 나중에야 알게 되고
음식을 먹기에 적당한 온도에다 맞춘 비법

세월 속 저만큼을 나앉은 오늘에도
그런 날 기억으로 남아있는 토렴 국밥
뚝배기 밥알과 국물에 식지 않을 뽀얀 기억

―「토렴 국밥」 전문

  이 시조는 2023년 아르코문학창작기금 선정 작품으로 겨울의 정취를 대변하는 감각적인 작품이다. 토렴은 찬밥에 뜨거운 국물을 반복적으로 부어 밥을 따뜻하게 만들고, 밥알에 국물 맛을 배게 하는 우리의 전통적인 조리법이다. 토렴행위는 입이 데지 않을 만큼 따뜻한 국밥을 원하는 손님의 요구를 꿰뚫은 '공감'과 뜨거운 에너지를 함께 나누는 '공유'라는 점에서 의미를 찾을 수 있다. 첫째 수에서는 찬밥을 따뜻하게 만들기 위한 행위고, 둘째 수는 주인장의 정겨운 달인 모습, 셋째 수는 손님의 입에 맞춘 국밥의 적절한 온도 조절, 넷째 수는 토렴 국밥에 대한 회상이다. 시인은 이를 "뽀얀 기억"으로 이미지를 극대화하고 있다.

(5) 가족애

산업화 이전 농경사회에서 성장한 세대들은 가족에 대한 사랑이 유별나다. 가정이란 사랑과 돌봄의 공동체요, 삶의 기반이자 정서적 안식처이다. 또한, 가족은 한 가정의 구성원으로서 함께 살아가며 성장하는 집합체다. 개인주의가 고도로 발달된 어느 나라보다도 한국인의 가족애는 매우 각별하다. 인용 작품을 통해 시인의 가족 사랑을 살펴보자.

> 아버지는 헛간에다 지게를 내려놓고
> 나뭇단에 꽂혔던 진달래꽃 한 다발을
> 부뚜막 엄마 앞에 놓고는 헛기침만 "흠" 하신다
> ―「어느 사랑」 전문

해학미가 돋보이는 서정시다. 옛날의 우리네 아버지와 어머니의 사랑은 언제나 그늘 속에서 시들어 갔다. 농경사회 대가족제도의 층층시하에서는 현대의 핵가족 사회와는 달리 부부간의 애정을 밖으로 표현하지 못했던 것이다. "나뭇단에 꽂혔던 진달래꽃 한 다발"은 그 시절 개명(開明)한 아버지의 최고 사랑 표시다. 종장에서 아버지의 헛기침 "흠"은 행여 웃어른이나 다른 가족에게 들킬라 말로는 못하고 몰래 전하는 아버지의 신호이자 어머니에 대한 애정 표시다.

> 첫 번은 머뭇했고 두 번째는 어려웠고
> 세 번째는 간지러워 네 번째는 쑥스럽던
> "사랑해" 그 말 한마디를 어머니께 못했는데
>
> 수많은 기억 속에 더듬어도 안 떠오를
> 한 번도 못 해봤던 이름으로 불러본다
> "사랑해" 가슴에 숨은 말 내 저 하늘 어머니
> ―「그 말 한마디」 전문

송나라 주자(朱子)의 십회(十悔) 중 첫 번째인 '불효부모사후회(不孝父母死後悔)'가 떠오르는 사모곡이다. 세상의 모든 일에는 때가 있는 법이니, 그 때를 놓치면 뉘우쳐도 소용이 없다. 살아계신 어머니께 "사랑해"란 말 한마디가 그리도 어려웠던가. 이제 와서 하늘나라로 가신 어머니께 "사랑해"라고 말한들 무슨 소용이 있겠는가. 회한이 복받치는 만시지탄(晩時之嘆)이다. 이제 와서 "사랑해"란 하지 못한 그 한마디가 시인의 가슴을 후빈다.

> 아파도 참았는데 참기 힘든 아픔 있다
> 내 힘든 건 이겼는데 자식 힘듦 안타까워
> 아픈 애 가슴 앞에서 기도하는 엄마 본다

기도가 모든 힘을 자식에게 주고 싶어
어릴 때 내 엄마도 지금의 나와 같이
아이야, 엄마의 엄마도 무릎 꿇고 기도했다

지금 내가 아픈 너의 가슴 앞에 엎드릴 때
나 혼자 있지 않고 여기 없는 내 엄마도
내 앞에 나와 똑같이 무릎 꿇고 기도했다
—「어느 엄마의 기도」 전문

앓고 있는 자식에 대한 엄마의 애끓는 마음이 처절하다. 자식을 낳아서 길러봐야 부모의 마음을 알 수 있다는 시그널이다. 도대체 자식은 부모에게 어떤 존재인가를 독자에게 제시하고 있는 작품이다. 자식은 어머니의 몸에서 나왔지만 어머니 마음 밖에 두지 못할 존재다. 자식은 '부모의 심장 밖에 있는 또 다른 심장'이기에 사랑과 본능의 결정체이다. 그래서 자식 사랑은 대대로 대물림을 하게 되는 것이다.

수능이 끝난 지가 며칠도 안 됐는데
재수를 하겠다는 아이의 애절한 말
그 심정 왜 모르겠나 눈물 맺힌 저 눈동자

자식의 짐마저도 대신해서 들고 싶어
온종일 그 생각에 밥 한술도 못 넘기는
아내의 사랑이란 게 가슴 훑어 더 아리다

부모의 가지 끝에 단풍처럼 매달려서

  피눈물 끓다 못해 얼마나 애가 탈까
  낙엽이 터진 속으로 또 얼마나 붉게 울까
           ―「사랑의 눈물」 전문

 대학수학능력시험은 학생과 학부모의 지대한 관심사다. 이 시험의 결과가 대학진학을 좌우하는 바로미터가 되기 때문이다. "울면서 재수를 하겠다"는 자식의 말에 엄마는 억장이 무너진다. 오죽해야 온 종일 자식 생각에 "밥 한술도 못 넘기는" 사태에 이르렀을까. "자식의 짐마저도 대신해서 들고 싶은" 어머니의 동병상련(同病相憐)이 눈물겹도록 애처롭다.

  서로는 누워서도 등을 돌려 잠을 자도
  마음은 한 포대서 온기로 돌아오고
  하루를 지난날처럼 아껴주고 있는 거다

  주일날 한 걸음씩 떨어져서 성당 가며
  시선은 먼 산 봐도 섞여가는 일상이고
  그러다 죽음과 이별 그때에도 거긴 거라
       ―「행복. 이런 거다」 둘째 수와 셋째 수

 "부부싸움은 칼로 물 베기"란 속담이 있다. 이 시조내용의 총체다. 부부란 기쁠 때나 슬플 때나 함께 살아갈 수밖에 없는 인생의 동반자이며, 삶과 책임, 그리고 미래를 공유하는 운명 공동체이기도 하다. 서로 다른 환경에서 성장한 두 남녀가 결혼을 해서 '부부(夫婦)'라는 이름으로 함께 살게 되었으니, 어찌 평탄할 수가 있겠는가. 그래서 부부란 가장 가깝고도 먼 존재가 아닌가. 부부 사이를 실감 있게 표현한 서정시이다.

3. 맺는 말

지금까지 필자는 김태희 시인의 제5 시조집 『그리움이 타는 노을』에 실린 작품 127수 모두를 정독했다. 이들 작품 중 그리움과 추억을 내용으로 한 작품이 70여 수로 전체의 55%를 상회하고 있다. 그래서 시인의 시조 127편을 포괄해서 말하면, '그리움과 추억의 파노라마'라 할 수 있다. 그러나 이들 작품은 낭만주의적 감성에 치우친 서정시나 서사적 담론이 아니다. 그리움의 시는 그리움의 본질과 그리움의 생성 요인을 제시하면서 현대시조로의 변환을 추구하는데 치열한 고민을 하고 있다는 사실을 밝히고 싶다.

김태희 시인의 작품 세계는 그리움의 속내를 드러낸 비망록이다. 그의 그리움은 부재(不在)의 인식에서 비롯된 애틋한 정서적 결핍감에서 비롯된다. 세계적으로 명성을 얻은 영성과 사랑의 철학자 칼릴 지브란은 "떠난 후에야 진정한 그리움이 시작 된다."고 했다. 불러도 대답 없는 천국의 어머니와 아버지에 대한 시인의 그리움은 회한과 통절로 점철된 통한의 참회록이다. 지금은 이러한 그리움이 곁에 있는 아내와 자식과 손녀에 대한 사랑으로 전이되고 있음을 필자는 주시하고 있다.

김태희 시인은 농경사회, 산업사회, 정보사회를 거쳐 지금은 인공지능 시대를 살고 있으니, 그동안 시인이 보고, 느끼고 몸소 겪은 바를 파노라마처럼 펼치고 있는 것이다. 추억의 시는 시대의 급속한 변화에 따라 사라져가는 우리 고유문화에 대한 애착과 아쉬움을 표출하는 동시에, 독자로 하여금 온고지신(溫故知新)과 법고창신(法古創新)의 정신을 일깨운다는 점에서 의미 있는 시조라 할 것이다.

김태희 시인의 시적 변용이 돋보이는 곳은 자연 서정의 표상화에서 절륜의 경지를 보인다. 그의 시조 「열세 살 때에」는 김소월의 「진달래꽃」을 관통하고 있으며, 「들국화」는 서정주의 「국화 옆에서」와 접맥되고 있다. 이 작품은 형식적으로 자유시와 대비되면서 시조가 '절제의 미학'이라는 점을 확인시켜주는 동시에, 현대시조의 가능성을 제시하고 있다는 점에서 높이 평가할 만한 수작(秀作)임에 틀림없다.

김태희 시인은 계절의 변화에 누구보다도 민감하다. 한국은 아무리 지구환경이 변한다 해도 다른 나라에 비하여 사계절이 뚜렷한 나라임에는 틀림없다. 시인은 작품 「열세 살 때에」를 통하여 "설렘 속 포개진 향기 온 가슴을 달군" 첫사랑을 고백하기 했고, 「봄날의 통증」을 통하여 "도시의 환부에 놓인 불빛만큼" 따갑게 봄꽃에 대한 통증을 느끼기도 했다. 여름날 「구곡폭포」를 찾아가 뙤약볕에 매달린 기억이 장하게 부서지는 통쾌감을 맛보는가 하면, 「종묘공원 노인」에서는 갈 곳 없는 무의탁 노인을 보며 "해지는 서쪽 하늘만 바라보고 붉은 눈물"을 흘리기도 했다. 「토렴 국밥」에서는 식당 주인의 토렴행위가 손님의 요구에 부응하여 따뜻한 국밥을 제공하려는 공감과 공유의 미덕임을 깨닫기도 한다.

김태희 시인은 산업화 이전 농경사회에서 성장한 세대이다. 그러기에 가족에 대한 시인의 사랑은 유별나다. 특히 한국은 개인주의가 고도로 발달된 어느 나라보다도 가족 사랑이 끈끈하다. 아버지와 어머니의 부부지간 사랑은 해학미가 돋보이는 은근한 애정 표현으로, 시인 자신의 아내에 대한 사랑은 전형적이 산업사회형 애정 모델로, 자식에 대한 사랑은 현대 형 처절한 동병상련이다. 농경사회, 산업사회, 현대사회로의 변천에 따른 가족사랑 모델을 볼 수 있어 흥미롭다.

지금까지 김태희 시인의 제5 시조집 『그리움이 타는 노을』에 실린 127편의 작품을 통하여 시인의 작품 세계를 살펴보았다. 지난 40년 동안 시류에 편승하여 좌고우면(左顧右眄)하지 않고, 오로지 '오도일이관지(吾道一以貫

之)'의 자세로 시조 문학에 정진하면서 필자에게 많은 절편을 감상할 수 있게 해준 김태희 시인께 다시 한 번 경의를 표하고 싶다.

한 가지 아쉬운 점은 아르코문학창작기금 선정 작품이 7편이나 되지만, 내용별 분류 기준에 적절치 않아 「토렴국밥」 외에는 인용 작품으로 소개하지 못한 점이다. 김태희 시인의 양해를 구한다.

쓰다 보니 고등학교 학생시절 국어 교과서에 실렸던 이헌구 선생의 〈시인의 사명〉 중 다음과 같은 구절이 떠오른다.

> "평화로운 시대에 있어서 시인의 존재는 가장 비싼 문화의 장식일 수도 있는 것이다. 그러나 그 시인이 처하여 있는 국가가 비운에 빠지거나 통일을 잃거나 하는 때에 있어서, 시인은 그 비싼 문화의 장식에서 떠나, 혹은 예언자로, 또는 민족혼을 불러일으키는 선구자적 지위에 놓일 수도 있는 것이다."

시인은 영양가 없는 글을 쓰는 서생이 아니다. 그는 위대한 사명을 완수해야 할 막중한 존재다. 우리 시인은 국가가 처한 현실을 직시하고, 그 비싼 문화의 장식에서 벗어나 예언자로, 또는 민족혼을 불러일으키는 선구자라는 점을 자각하고 시인의 사명에 충실했으면 좋겠다.

김태희 시인의 제5 시조집 『그리움이 타는 노을』 상재를 축하드리며, 앞으로 우리 시조 발전의 선도자가 될 것을 믿어 의심치 않는다.